Sapeur-pompier professionnel
de deuxième classe

Préparation au concours

Préface du Capitaine Bernard
Officier de Sapeur-pompier

Danielle Bendrihem
Professeur
Adrien Bart
Consultant en communication
Antoine Garcia
Commandant honoraire

Nouveau programme conforme aux arrêtés du 21 novembre 1994, 26 janvier 1996 et 20 décembre 1996

Editions AMELOT
43, rue Amelot - 75011 PARIS

dans la même collection

- **augmentez vos chances de réussite, avec l'ouvrage**
  Sapeur-pompier professionnel de deuxième classe
  annales corrigées des mathématiques

- Lieutenant de sapeurs-pompiers professionnels

- Capitaine de sapeurs-pompiers professionnels - *à paraître*

Un extrait du catalogue figure à la fin de l'ouvrage

Courage et Dévouement

L'exercice quotidien du métier de Sapeur-pompier est constitué de multiples facettes : secourisme, lutte contre les incendies, dépollution, sauvetage, déblaiement ...

Longtemps intervenant volontaire, son dévouement et sa disponibilité ont fait du Sapeur-pompier, soldat du feu, l'homme-clé de la sécurité de ses concitoyens, bénéficiant en juste retour, de leur gratitude et admiration valorisantes;

L'évolution des composantes de notre cadre de vie a conduit à celles des risques : le Sapeur-pompier a du et doit continuer de s'adapter, chaque jour, aux multiples et complexes moyens pour prévenir, contrer et limiter les effets induits par nos comportements humains ou par des phénomènes naturels. Désormais, le Sapeur-pompier est un véritable technicien du risque.

Ceci conduit à une plus grande professionnalisation de ce métier et, par voie de conséquence, à une exigence de sélection dans le recrutement : ne retenir que les candidats qui sauront en toutes circonstances, apporter la réponse appropriée aux situations usuelles, ou à l'inverse, aux cas extrêmes, complexes ou dangereux.

Ces missions d'intervention rapide, à mener avec sang froid, ne doivent pas occulter le prérequis : la réflexion, c'est à dire comprendre, analyser, évaluer, communiquer. L'action, ou la réaction, à l'aide des moyens et techniques appropriés, sera la résultante de cette réflexion.

C'est pourquoi dans cet ouvrage de préparation au concours, les auteurs ont choisi, au-delà de l'acquisition de méthodes ou révisions de connaissances, de situer leurs interventions dans l'optique de perfectionner et adapter les mécanismes de réflexion des candidats, préalable de toutes vos futures actions professionnelles.

Préface du Capitaine Bernard, officier de Sapeur-pompier.

REMERCIEMENTS

Nous tenons à remercier tous ceux qui nous ont permis de réaliser cette nouvelle édition, et en particulier :

- Ministère de l'Intérieur
  Direction de la sécurité civile
  Bureau de la formation

- les quotidiens : Le Monde
  Ouest-France
  Le Progrès

- le mensuel : Allo Dix-Huit

Les auteurs

SOMMAIRE

TITRE 1

LE CONCOURS

CHAPITRE 1
LE CONCOURS

Les textes réglementaires relatifs au concours externe d'accès au cadre d'emplois des sapeurs-pompiers professionnels de 2ème classe, sont :

- arrêté du 21 novembre 1994 (Journal Officiel du 7 janvier 1995),
- arrêté du 26 janvier 1996 (Journal Officiel du 8 février 1996).

1 CONDITIONS POUR CONCOURIR

1.1 CONDITIONS DE DIPLÔME

- Diplôme minimum obligatoire :
  - CAP et BEP ou diplôme de l'enseignement technologique de niveau 5.
  - Brevet des collèges ou autre diplôme de l'enseignement général.
- Cas de certains sapeurs-pompiers :
  - production du certificat des sapeurs-pompiers de Paris,
  - sapeur-pompier volontaire depuis trois ans, même discontinu et titulaire du :
    - brevet national de premier secours (BNPS) et du

- certificat de formation aux activités de premier secours en équipe (CFAPSE)

- Cas particulier des sportifs de haut niveau.

1.2 LIMITE D'ÂGE ET DÉROGATION

La limite d'âge s'apprécie au 1er janvier de l'année du concours.

Elle est fixée à 18 ans minimum et 25 ans maximum.

- Cette limite d'âge peut être reportée, sans toutefois dépasser 35 ans en ajoutant :

    - la durée des services effectifs accomplis dans les services publics et dans leurs établissements en tant que civil, titulaire ou non titulaire, jusqu'à la limite d'âge maximale prévue ;

    - la durée des services militaires, y compris la durée du service national. Ces temps peuvent être cumulés avec une durée des services effectifs d'agent d'une collectivité locale ou d'un établissement public s'y rattachant, dans la limite d'âge maximale prévue ;

    - un an par enfant à charge ou adulte handicapé à charge ;

    - dans la limite de 5 ans au plus, la durée des services accomplis en qualité de sapeur-pompier volontaire.

Une même durée ne peut permettre le recul de la limite d'âge qu'à un seul titre (exemple : service national ou sapeur-pompier volontaire).

- Les limites d'âge ne sont pas opposables :

  - aux sportifs de haut niveau dans la limite de la validité de l'arrêté ministériel reconnaissant l'aptitude. Elle est de 2 ans pour une performance et de 1 an pour un classement individuel mondial ;

  - aux femmes :

    - ayant 3 enfants et plus,
    - veuves non remariées,
    - célibataires avec au moins un enfant à charge,
    - divorcées et non remariées,
    - séparées judiciairement.

- En plus de l'âge limite, ajouter :

  - 1 an par enfant à charge,

  - 1 an par adulte handicapé à charge,

  si cela n'a pas déjà été compté.

1.3 CONDITIONS D'APTITUDE PHYSIQUE

Mesurer au minimum 1,60 m pour les hommes et 1,55 m pour les femmes, avoir une vue après correction de 10 dixièmes pour chaque oeil et de 8 dixièmes pour chaque oeil sans correction (ou 9 dixièmes et 7 dixièmes, ou 10 dixièmes et 6 dixièmes).

Ne pas souffrir de trouble de l'équilibre ou être atteint de difformité incompatible avec le port de l'uniforme.

2 DÉPÔT DES CANDIDATURES

Toute personne doit, pour se présenter au concours, constituer un dossier à demander à la Direction Départementale des Services d'Incendie et de Secours de son département (voir adresses et coordonnées dans Minitel : 3615 Amelot).

Les concours de sapeurs-pompiers non officiers ont lieu au niveau départemental et sont ouverts selon les besoins de recrutement du département.

Chaque concours de sapeur-pompier professionnel est ouvert par arrêté du président de la commission administrative du service départemental d'incendie et de secours.

Le service départemental d'incendie et de secours peut, par voie de convention, confier à un autre service départemental d'incendie et de secours l'organisation matérielle du concours.

Le président de la commission administrative du service départemental d'incendie et de secours ouvrant le concours assure cette publicité.

Les dossiers de candidature au concours comprennent les pièces exigées et un certificat médical délivré par un médecin de sapeurs-pompiers attestant que l'intéressé remplit les conditions d'aptitude physique.

La liste des candidats autorisés à prendre part aux épreuves est arrêtée par le président de la commission administrative du service départemental d'incendie et de secours ouvrant le concours.

Les candidats sont convoqués individuellement.

3 ORGANISATION DU CONCOURS

3.1 LE JURY

Le jury est nommé par arrêté du président de la commission administrative du service départemental d'incendie et de secours ouvrant le concours.

Il comprend les membres suivants :

- Trois officiers de sapeurs-pompiers professionnels dont deux affectés dans un service d'incendie et de secours extérieur au département au titre duquel se déroule le concours. Le président du jury est désigné parmi ces deux derniers officiers qui sont nommés sur proposition du chef d'état-major de zone de la sécurité civile territorialement compétent ou, à défaut, par un chef d'état-major de zone désigné par le directeur de la sécurité civile.

- Un élu local ne faisant pas partie de la commission administrative du service départemental d'incendie et de secours.

- Deux professeurs de l'enseignement secondaire dont un professeur d'éducation physique et sportive.

- Un représentant du centre national de la fonction publique territoriale.

- Deux sapeurs-pompiers professionnels non officiers, désignés par tirage au sort parmi les représentants du personnel à la commission administrative paritaire compétente.

En cas de partage égal des voix, la voix du président est prépondérante.

En fonction de la nature particulière des épreuves, des examinateurs spéciaux peuvent être nommés par arrêté du président de la commission administrative du service départemental d'incendie et de secours ouvrant le concours.

Les correcteurs sont désignés par arrêté du président de la commission administrative du service départemental d'incendie et de secours ouvrant le concours, parmi les membres du jury et, le cas échéant, les examinateurs spéciaux. Lorsqu'ils ne sont pas membres du jury, les correcteurs participent aux délibérations du jury avec voix consultative.

Le jury peut, compte tenu notamment du nombre des candidats, se constituer en groupes d'examinateurs en vue de la correction des épreuves.

Toutes les épreuves écrites sont anonymes et corrigées par deux correcteurs.

Le jury est souverain. A ce titre et notamment, il arrête la note minimale permettant aux candidats d'être admissibles. Il est compétent pour prononcer l'annulation d'une épreuve.

Aucune modification de la composition du jury et de la liste des examinateurs ne peut être apportée après le début de la première épreuve.

3.2 NOTATION DES ÉPREUVES

Il est attribué à chaque épreuve un note de 0 à 20. Chaque note est multipliée par le coefficient correspondant. Peuvent seuls être autorisés à se présenter aux épreuves d'admission, les candidats déclarés admissibles par le jury.

Toute note inférieure à 5 sur 20 à l'une quelconque des épreuves entraîne l'élimination du candidat, sous réserve des règles particulières relatives aux épreuves physiques et sportives.

Nul ne peut être déclaré admis s'il n'obtient au moins 10 sur 20 de moyenne à l'ensemble des épreuves, sans note éliminatoire.

CHAPITRE 2
LES ÉPREUVES

Le concours comprend des épreuves d'admissibilité : leur réussite conditionne l'accès aux épreuves d'admission.

1 ÉPREUVES D'ADMISSIBILITÉ

Elles sont de deux types :

- Épreuves physiques et sportives

Leur réussite conditionne l'accès au deuxième type d'épreuves d'admissibilité.

- Épreuves écrites

1.1 ÉPREUVES PHYSIQUES ET SPORTIVES

Les épreuves physiques et sportives sont les suivantes :

- un test de natation, non noté ; les candidats qui n'ont pas réussi ce test sont éliminés, les autres participent aux épreuves définies ci-dessous,
- - une épreuve d'équilibre statique,
  - une épreuve d'endurance musculaire abdominale,
  - une épreuve d'endurance musculaire des membres supérieurs,
  - une épreuve de souplesse,
  - une épreuve de vitesse et coordination,
  - une épreuve d'endurance cardio respiratoire.

Les épreuves physiques et sportives se déroulent en présence d'un médecin et sont notées sur 20 (voir barèmes). Le total de ces notes est divisé par six et la moyenne ainsi obtenue constitue la note des épreuves physiques et sportives qui est affectée du coefficient 1.

Toute note inférieure à 5 sur 20 obtenue à l'une des épreuves mentionnées ci-dessus et/ou toute moyenne inférieure à 10 sur 20 entraînent l'élimination du candidat.

• **le test de natation** :

Cette épreuve se déroule en maillot de bain. Le caleçon de bain est interdit ainsi que les lunettes et le masque de natation. Les verres de contact peuvent être portés sans lunettes de natation aux risques et périls du candidat.

Le candidat doit sauter ou plonger du bord de la piscine afin d'effectuer un parcours de 50 mètres nage libre en moins de 2 minutes. Le candidat n'a droit qu'à un seul essai.

• **l'équilibre statique** :

Cette épreuve se déroule en tenue de sport, pieds nus.

Le candidat place le pied d'appui de son choix sur une poutre métallique de 50 cm de long, 4 cm de haut et 3 cm de large, dans l'axe ; il saisit la cheville restée libre avec la main du même côté.

Le candidat doit prendre appui sur un bâton à embase avec la main afin de rechercher son équilibre avant le début de l'épreuve. Le bâton mesure 1m35 (+/- 2cm) de hauteur et est fixé sur une embase de 15cm sur 15cm. Le chronométrage débute lorsque l'appui cesse.

Le candidat doit garder l'équilibre le plus longtemps possible dans cette position. Le chronomètre est arrêté lorsqu'il lâche sa cheville ou lorsque son pied d'appui quitte la poutre.

Le candidat a droit à deux essais, seul son meilleur temps est enregistré. Dans tous les cas, l'épreuve dure au maximum 2 minutes 30 (recherche de l'équilibre et deux essais compris).

• **l'endurance musculaire abdominale** :

Cette épreuve se déroule en tenue de sport, sans chaussure.

Le test consiste à mesurer le nombre de redressements réalisés durant une minute par le candidat.

Le candidat se met en position assise, tronc vertical, les mains croisées derrière la nuque, les genoux fléchis à environ 90°, les pieds immobilisés au sol.

A partir de cette position, le candidat s'allonge sur le dos, en appui sur un dossier incliné à 30° par rapport au sol, se redresse en position assise en portant les coudes vers l'avant en contact avec les genoux, le menton restant en contact avec la poitrine.

Les mains, doigts croisés, doivent rester derrière la nuque pendant tout l'exercice.

Le chronomètre est déclenché dès que le candidat quitte l'appui du dossier et entame le premier mouvement.

Le candidat doit répéter ce mouvement le plus grand nombre de fois possible pendant une minute.

Le mouvement n'est pas pris en compte lorsque les coudes ne touchent pas les genoux en montant, ou lorsque le dos ne touche pas le dossier en descendant. L'examinateur indique à voix haute le nombre de mouvements pris en compte au fur et à mesure du déroulement de l'épreuve.

Le candidat a droit à un seul essai mais peut effectuer deux mouvements avant de débuter l'épreuve afin de bien ajuster sa position.

• **l'endurance musculaire des membres supérieurs** :

Cette épreuve se déroule en tenue de sport, sans chaussure. La magnésie, les gants et maniques sont interdits.

Le candidat saisit une barre fixe de 2,5 à 3,5 cm de diamètre, placée à plus de 2 mètres de haut, les mains en pronation, écartées de la largeur des épaules.

Le candidat monte sur un dispositif amovible jusqu'à ce que son menton se trouve au-dessus du niveau de la barre, les bras fléchis, coudes au-dessous de la barre.

Le chronométrage débute après le retrait du dispositif amovible, la position doit être maintenue le plus longtemps possible.

Les mains et la poitrine sont les seules parties du corps pouvant être en contact avec la barre fixe.

Le chronométrage s'arrête lorsque les yeux du candidat se trouvent au niveau de la barre.

Le candidat a droit à un seul essai.

• **la souplesse** :

Cette épreuve se déroule en tenue de sport, sans chaussure.

Le candidat, assis sur une planche, est sanglé au niveau des genoux par un lien de 13 à 18 cm de large centré sur les rotules.

Le candidat pousse d'une manière continue et du bout des doigts une règle de section carrée d'environ 2 cm de côté placée sur un dispositif en forme de caisse après avoir placé les pieds contre celui-ci.

Le zéro de référence de la graduation du dispositif est placé en bordure de la tablette supérieure, donc à 15cm au-dessus du plan d'appui des pieds.

L'épreuve se déroule pieds joints, le candidat ne doit pas perdre le contact avec la règle pendant la durée de l'épreuve.

Le candidat a droit à deux essais sans quitter son emplacement, seule la meilleure performance est notée (la mesure est prise à partir du bout des doigts).

La durée totale de l'épreuve est limitée à 2 minutes, la position la plus avancée doit être maintenue au moins deux secondes.

• **la vitesse et la coordination** :

Cette épreuve se déroule en tenue de sport, avec chaussures sans pointe.

Cette épreuve consiste à mesurer le temps mis pour parcourir 5 allers-retours sur une distance de 5 mètres, soit sur une distance totale de 50 mètres.

Le candidat se met en position de départ, en plaçant les pieds derrière la ligne.

Au signal de départ, le chronomètre est déclenché et le candidat court jusqu'à la ligne opposée qu'il franchit puis revient à la ligne de départ qu'il franchit.

Le candidat effectue 5 fois ce trajet aller-retour.

Lorsque la ligne n'est pas franchie, l'examinateur l'indique et le candidat doit alors revenir en arrière et franchir la ligne.

L'examinateur indique le nombre de navettes effectuées par le candidat à chaque fois que la ligne de départ est franchie.

Le candidat qui glisse ou tombe pendant l'épreuve est autorisé à la poursuivre.

Le chronomètre est arrêté au 5ème retour lorsque le candidat pose un des pieds de l'autre côté de la ligne d'arrivée.

Le candidat a droit à un seul essai.

• **l'endurance cardio respiratoire** :

Cette épreuve se déroule en tenue de sport, avec chaussures sans pointe. Un dossard numéroté identifie chaque candidat.

L'épreuve consiste à courir en navette sur une piste de 20 mètres au rythme d'une bande sonore qui indique au candidat le nombre de paliers atteints. En début d'épreuve, la vitesse est lente puis elle augmente par palier toutes les 60 secondes.

Le candidat qui glisse ou tombe pendant l'épreuve est autorisé à la poursuivre dans la mesure où cette chute ne modifie pas le nombre et le rythme des navettes.

Le candidat doit régler sa vitesse de manière à se trouver en bout de piste, à 1 mètre près, au moment où retentit le signal sonore afin de toucher du pied la ligne délimitant la piste et repartir immédiatement en sens inverse.

L'épreuve prend fin lorsque le candidat ne peut plus suivre l'allure imposée ou abandonne.

Le numéro du palier ou demi-palier auquel le candidat abandonne indique le score dans cette épreuve.

Le candidat a droit à un seul essai.

BARÈME FEMME

- Evaluation du test de natation
(50 mètres nage libre à effectuer en moins de 2 minutes) : apte ou inapte

- Autres épreuves :

Notes	Équilibre statique (en secondes)	Endurance musculaire abdominale (nombre de flexions du tronc)	Endurance musculaire des membres supérieurs (en secondes)	Souplesse (en cm)	Vitesse et coordination sur 5 mètres (en secondes)	Endurance cardio respiratoire (numéro du palier)
20	60	56	58	40	15,5	13,5
19	52,4	54	56	38	16	13
18	44,8	53	54	37	16,5	12,5
17	37,2	52	52	35	17	12
16	29,6	51	50	34	17,5	11,5
15	22	50	46	33	18	11
14	20,8	48	42	31	18,5	10,5
13	19,6	46	38	30	19	10
12	18,4	44	34	28	19,5	9,5
11	17,2	42	30	27	20	9
10	16	40	27	26	20,5	8,5
9	13,8	37	24	24	20,8	8
8	11,6	34	21	22	21,1	7,5
7	9,4	31	18	20	21,4	7
6	7,2	28	15	18	21,7	6
5	5	25	13	17	22	5
4	4	23	11	16	22,5	4
3	3	20	10	16	23	3
2	2	18	9	15	24	2
1	1	15	8	14	25	1

BARÈME HOMME

- Evaluation du test de natation
(50 mètres nage libre à effectuer en moins de 2 minutes) : apte ou inapte

- Autres épreuves :

Notes	Équilibre statique (en secondes)	Endurance musculaire abdominale (nombre de flexions du tronc)	Endurance musculaire des membres supérieurs (en secondes)	Souplesse (en cm)	Vitesse et coordination sur 5 mètres (en secondes)	Endurance cardio respiratoire (numéro du palier)
20	60	55	60	40	15,5	15
19	52,4	54	58	38	16	14,5
18	44,8	53	56	37	16,5	14
17	37,2	52	54	35	17	13,5
16	29,6	51	52	34	17,5	13
15	22	50	50	33	18	12,5
14	20,8	48	46	31	18,5	12
13	19,6	46	42	30	19	11,5
12	18,4	44	38	28	19,5	11
11	17,2	42	34	27	20	10,5
10	16	40	30	26	20,5	10
9	13,8	37	27	24	20,8	9,5
8	11,6	34	24	22	21,1	9
7	9,4	31	21	20	21,4	8,5
6	7,2	28	18	18	21,7	8
5	5	25	15	17	22	7,5
4	4	23	13	16	22,5	7
3	3	20	11	16	23	6
2	2	18	10	15	24	5
1	1	15	9	14	25	4

Remarques :

- toute performance située entre deux mesures est rapportée à la performance inférieure,
- La notation de chacune des épreuves est majorée comme suit en fonction de l'âge des candidats : - jusqu'à 29 ans néant,
  - de 30 à 34 ans 5%,
  - de 35 à 39 ans 10%,
  - 40 ans et au-dessus 15%.
- la majoration de points ne peut avoir pour effet d'attribuer au candidat une note supérieure au maximum prévu pour l'épreuve,
- l'âge est apprécié au 1er janvier de l'année du concours.

1.2 Q R O C : QUESTIONS À RÉPONSES OUVERTES ET COURTES

L'épreuve comporte des questions à réponses ouvertes et courtes à partir d'un document se rapportant à un sujet de portée générale. Ce document pourra être soit un document audiovisuel, soit un ensemble de diapositives, soit une planche de photographies (durée 1 heure, dont 10 minutes de présentation de l'épreuve - coefficient 3).

Cette épreuve, comportant au maximum 15 questions, a pour objet de vérifier l'aptitude des candidats à comprendre un message, à en restituer fidèlement et de manière compréhensible les éléments essentiels et à ordonner leur présentation.

Pendant la présentation de l'épreuve, les candidats sont autorisés à prendre des notes.

1.3 MATHÉMATIQUES

Deux problèmes de mathématiques sont soumis aux candidats, qui disposent de 90 minutes pour répondre (coefficient 3).

Le programme comporte :

- Les quatre opérations : nombres entiers, nombres décimaux, fractions, mesures de longueur, surfaces, capacités, poids, densité, règles de trois, partages proportionnels.
- Les lignes droites, perpendiculaires, obliques et parallèles.
- Surfaces : triangles, quadrilatères, autres polygones, cercle, secteurs, segments, circonférence, arc.
- Volumes courants : parallélépipède, prisme, cylindre, cône.
- Nombres complexes : le temps, les unités de temps, conversions, vitesse moyenne.

Matériel autorisé : crayons, stylos, feutres, gomme, règle, double décimètre, rapporteur, compas, calculette (non programmable).

2 ÉPREUVES ORALES D'ADMISSION

Accessibles à ceux qui ont réussi et les épreuves physiques et sportives et les deux épreuves écrites. Elles sont constituées d'une épreuve obligatoire et de deux matières facultatives.

Pour ces dernières, les candidats qui le souhaitent et qui en font la demande lors du dépôt de leur dossier de candidature, peuvent subir une ou deux épreuves dans les disciplines suivantes, notées chacune sur 20 et affectées chacune du coefficient 1 :

- secourisme,
- épreuve opérationnelle sur les techniques et matériels auxquels les sapeurs-pompiers ont recours.

2.1 ÉPREUVE OBLIGATOIRE : ENTRETIEN AVEC LE JURY

Cette épreuve a pour point de départ un court exposé (5 minutes maximum) du candidat présentant les raisons pour lesquelles il fait acte de candidature. Elle est destinée à permettre au jury d'apprécier la personnalité du candidat, ses qualités de réflexion, ses connaissances générales et sa motivation.

Cette épreuve-clé, d'une durée de 15 mn, est affectée d'un coefficient très important : 6.

2.2 ÉPREUVE FACULTATIVE DE SECOURISME

Le programme porte sur les éléments du certificat de formation aux activités des premiers secours en équipe (C.F.A.P.S.E.) et sur ceux de l'attestation de formation aux premiers secours (A.F.P.S.).

2.3 ÉPREUVE FACULTATIVE SUR LES TECHNIQUES ET MATÉRIELS UTILISÉS PAR LES SAPEURS-POMPIERS

- Feu et combustion, extinction (principes et moyens).
- Les extincteurs.
- Les points d'eau artificiels et naturels.
- Les prises d'eau.
- Les pièces de jonction, les outils de déblai et les outils divers.
- Tuyaux et lances à mains.
- Les dévidoirs, les accessoires hydrauliques et le matériel à feu de cheminée.
- Marche générale des opérations.
- Établissement de la lance du dévidoir tournant (L.D.T.) avec et sans appareil respiratoire (A.R.I.).
- Établissement d'une grosse lance à plus ou moins de 200 mètres.
- Alimentation d'une division.

- Établissement d'une ou deux petites lances sur division alimentée, emploi du dévidoir par la même équipe, et par une autre équipe.

- Transformation d'une grosse lance en une ou deux petites, remplacement d'une grosse lance en une ou deux petites sur division mixte, prolongement d'une grosse lance, devoir du porte-lance.

- Les appareils de sauvetage. Les échelles. Les cordages. Les commandes. La sangle. Le lot de sauvetage.

- Sauvetages : généralités, le sauvetage par l'extérieur, le sauvetage en excavation avec et sans l'A.R.I.

- Les appareils respiratoires, généralités, règles de base d'une opération avec A.R.I. et du travail du binôme en cave à fumée.

- Hydraulique : les pompes à incendie, hauteur d'aspiration, les amorceurs, les essais, anomalies de fonctionnement.

- Transmissions : généralités, organisation opérationnelle, stations et réseaux radio, règles d'exploitation des réseaux, les fréquences, les indicatifs, les messages.

2.4 *RÉCAPITULATIF MATIÈRES, DURÉE, COEFFICIENT, NOTES ÉLIMINATOIRES*

	Succès	**Échec**
<u>Épreuves d'admissibilité</u> :		
• Épreuves physiques et sportives :		
• équilibre : non noté,	□ ↓	□ → élimination
• athlétisme et natation athlétisme : 5 épreuves notées sur 20 natation : 1 épreuve notée sur 20 Total : divisé par 6, coefficient 1.	□ ↓	□ → élimination note < 5/20 moyenne < 10/20
• Épreuves écrites : • questions à réponses ouvertes et courtes 60 mn, coefficient 3, sur 20 • problèmes de mathématiques 90 mn, coefficient 3, sur 20.	□	
	Admissibilité	
<u>Épreuves d'admission</u> :		
• Entretien avec le jury 15 mn, coefficient 6, sur 20.	□ ↓	□ → non admis < 10/20
• Épreuves orales facultatives : • secourisme, • épreuve opérationnelle sur les techniques et matériels durée variable, coefficient 1, sur 20.	□ … □ } notes > 10/20 ↓	} < 10/20 : neutre

…/…

Résultats	**Admission** des candidats dont les notes sont ≥ 10/20 dans la limite des places proposées.	
Effets	Inscription sur liste d'aptitude.	

3 RÉSULTATS ET RECRUTEMENT

Le jury arrête la liste d'admission, dans la limite des places mises au concours.

Le président du jury transmet au président de la commission administrative du service départemental d'incendie et de secours la liste d'admission et le procès-verbal des opérations. Il complète dans le délai d'un mois cette transmission par un rapport évaluant les conditions dans lesquelles le concours s'est déroulé.

La liste d'aptitude est établie dans l'ordre alphabétique par arrêté du président de la commission administrative du service départemental d'incendie et de secours ouvrant le concours.

L'inscription sur une liste d'aptitude ne vaut pas recrutement. La phase d'embauche doit être entreprise par vous, auprès d'un employeur :

- Président de conseil général, maire, Directeur Départemental de S.I.S.,
- Chef de corps d'un centre de secours,
- Président d'une communauté urbaine, d'un district, d'un S.I.V.O.M., d'un S.I.V.U.

La validité d'une inscription sur une liste d'aptitude commence le jour de la publication de l'arrêté au recueil des actes administratifs du département concerné.

Le service national, le congé parental, le congé de maternité, suspendent le délai de validité de la liste d'aptitude de 2 ans, d'un temps égal à celui du service national et des congés prévus par les textes.

4 FORMATION INITIALE

Après recrutement, le sapeur-pompier est stagiaire durant un an.

Il suit une formation initiale dans une école départementale de sapeurs-pompiers.

La formation, définie par l'arrêté du 2 juillet 1996, est applicable au 1er janvier 1997.

4.1 CONTENU DE LA FORMATION INITIALE

1. Enseignements obligatoires :

a. Matières théoriques et pratiques, composées des unités de valeur de formation de niveau 1 suivantes :

- culture administrative (CAD),
- communication (COM),
- interventions diverses (DIV),
- gestion opérationnelle et commandement (GOC),
- incendies (INC),

- relations publiques (REP),
- risques technologiques et naturels (RTN),
- secours à personnes (SAP),
- techniques opérationnelles (TOP).

Le contenu et la durée de ces unités de valeur de formation, qui est de l'ordre de 450 heures, évaluation comprise, sont précisés par les documents appelés scénarios pédagogiques diffusés aux services départementaux d'incendie et de secours par la direction de la sécurité civile.

b. Développement de l'aptitude physique : composé de l'unité de valeur de formation de sport (SPO).

Le contenu et la durée de cette unité de valeur de formation, qui est de l'ordre de 100 heures, évaluation comprise, sont précisés par les documents appelés scénarios pédagogiques diffusés aux services départementaux d'incendie et de secours par la direction de la sécurité civile.

2. Le cas échéant, enseignements complémentaires organisés à l'initiative des services départementaux d'incendie et de secours d'affectation des sapeurs-pompiers stagiaires après avis des comités techniques paritaires compétents. Ces enseignements complémentaires ont notamment pour objet de prendre en compte des risques locaux.

4.2 RÉSULTAT DE L'ÉVALUATION

En cas d'échec à la formation initiale, le stagiaire est autorisé à se représenter une fois aux épreuves de rattrapage organisées pour l'unité ou les unités de valeur de formation non validées au cours de la période de stage.

Le stagiaire a, le cas échéant, la faculté de suivre tout ou partie des enseignements de cette unité ou de ces unités de valeur de formation.

4.3 CAS PARTICULIER

Les sapeurs-pompiers professionnels stagiaires qui ont été autorisés à participer en tout ou partie à des missions opérationnelles peuvent être autorisés à ne suivre qu'une partie de la formation initiale, compte tenu des formations acquises.

5 DÉROULEMENT DE CARRIÈRE

Après un an de service, le sapeur-pompier de 2ème classe peut passer sapeur de 1ère classe. Après cette étape, il pourra devenir, avec deux ans d'ancienneté, caporal : il devra avoir acquis les unités de valeur correspondantes, ou justifier de cinq ans d'ancienneté.

Puis, par le biais des concours internes ou examens professionnels, il évoluera vers :

	CONCOURS INTERNE, CONDITIONS	**EXAMEN PROFESSIONNEL, CONDITIONS**
CAPITAINE	• 4 ans de Lieutenant de sapeur-pompier professionnel. • Âge : inférieur à 40 ans, avec report maximum à 55 ans.	• 10 ans de Lieutenant de sapeur-pompier professionnel. • Âge : supérieur ou égal à 40 ans, avec report maximum à 55 ans.
LIEUTENANT	• 4 ans de sapeur-pompier professionnel. • Âge : inférieur à 30 ans, avec report maximum à 55 ans.	• 10 ans de sapeur-pompier professionnel et Adjudant. • Âge : supérieur ou égal à 40 ans, avec report maximum à 55 ans.
SERGENT	• 3 ans de Caporal de sapeur-pompier professionnel. • Unité de valeur de caporal • Pas de limite d'âge.	Sans objet

TITRE 2

QUESTIONS À RÉPONSES OUVERTES ET COURTES (QROC)

CHAPITRE 1
ESPRIT ET BUT DE L'ÉPREUVE

1 NATURE DE L'ÉPREUVE

À partir d'un document audiovisuel se rapportant à un sujet de portée générale, des questions sont posées aux candidats. Celles-ci appellent des réponses ouvertes et courtes.

Cette épreuve dure une heure, dont dix minutes consacrées à la présentation. Le document audiovisuel peut contenir plusieurs séquences, chacune appelant généralement deux questions : ces questions correspondent à une réponse courte (2-3 lignes) et une plus développée (8-10 lignes).

Le ratio temps de visualisation / temps de rédaction est d'environ 1/5.

2 BUT DE L'ÉPREUVE

Il s'agit de vérifier l'aptitude des candidats à comprendre un message et à en restituer fidèlement et de façon compréhensible, les éléments essentiels, et à ordonner leur présentation.

Que cherche-t-on à évaluer ?

Confronté à une situation, vous devez être capable d'en percevoir tous les éléments essentiels, de les comprendre et de les relater avec précision et objectivité, dans un mode de communication compréhensible de vos interlocuteurs. Votre communication devra donc être claire et ordonnée.

On le voit, il est donc tout aussi essentiel de comprendre une situation qu'ensuite d'en communiquer sa compréhension. La notation mettra donc en relief :

- d'une part la compréhension du sujet telle qu'elle apparaît dans vos réponses : manière plus ou moins originale dont l'exploitation du sujet sera conduite.

  Cette phase correspond à la moitié de la note.

- d'autre part, la communication étant, dans cette épreuve, de forme écrite, seront évalués :

  - le respect formel de l'expression écrite, c'est-à-dire la maîtrise de l'orthographe, de la grammaire, et des conjugaisons,

  - la qualité intrinsèque de l'expression : enchaînement des idées, maîtrise de la rédaction, étendue et précision du vocabulaire.

  Cette phase correspond à l'autre moitié de la note.

3 NOTATION DE L'ÉPREUVE

Grille d'évaluation (à diviser par le nombre de réponses) :

Présentation .... 1 point
Orthographe .... 4 points
Expression écrite .... 5 points
- chronologie, enchaînement des idées (2 points)
- maîtrise de la rédaction (1,5 points)
- précision des termes employés (1,5 points)

Compréhension du sujet .... 10 points
- compréhension du sujet (3 points)
- exploitation du sujet (4 points)
- originalité (3 points)

CHAPITRE 2
COMPRENDRE ET ABORDER L'ÉPREUVE

Le schéma de l'épreuve est le suivant :

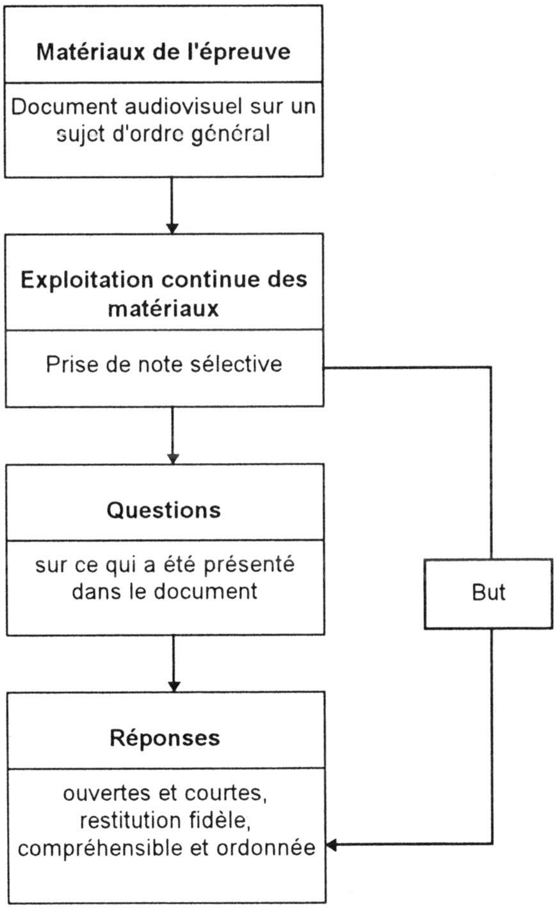

1 MATÉRIAUX DE L'ÉPREUVE

Le(s) document(s) projeté(s) aux candidats est(sont) de nature audiovisuelle, c'est-à-dire utilisant les médias son et image animée.

Il s'agit d'un document : la notion d'information et de témoignage est forte, distinguant l'élément projeté d'un film (que la durée de l'épreuve n'autoriserait pas), ou encore d'une bande-annonce, clip, message publicitaire. Outre des documents audiovisuels qui seraient spécifiquement produits pour les besoins du concours, cette définition du document informatif peut correspondre aux séquences "reportage" d'un journal télévisé.

Il en va de même du contenu du document : sujet de portée générale. Aucun sujet n'est a priori exclu, mais on peut cependant borner l'étendue des sujets par :

- **Le haut**, c'est-à-dire par le degré de spécialisation du document.

  Le concours étant externe, la population des candidats est hétérogène : aussi le but de cette épreuve n'est-il pas de valider un niveau de connaissances sur des thèmes techniques, mais d'avantage d'examiner une aptitude à comprendre un sujet et à le relater.

  Aussi, même s'il s'agit d'un document audiovisuel élaboré au sein de la Direction de la Sécurité Civile, le document ne présupposera pas des connaissances techniques qui seraient celles dont vous disposeriez à la fin de votre stage.

- **La base** : un sujet de portée générale, traité par exemple à travers des reportages de journaux télévisés, pourrait a priori tout aussi bien se rapporter à une exposition de peintures de renommée mondiale, qu'au désarroi des touristes étrangers perdus dans Paris au mois d'août.

Cependant, compte tenu du type de concours, de la forte motivation recherchée chez les candidats, les thèmes de la sécurité civile auront une place de choix.

Les thèmes sont innombrables et interfèrent avec :

- la sphère privée : accidents domestiques...
- la sphère professionnelle : accidents professionnels...
- des modes de transport : route, air, mer...
- des temps de loisirs : sports, migrations autoroutières...

Il sera d'ailleurs intéressant, dans la perspective de l'entretien avec le jury, que vous disposiez d'une large idée de ce que constitue la sécurité civile au plan quotidien. Ainsi, les activités opérationnelles des sapeurs-pompiers de Paris en mai 1996 (source : Allo Dix-Huit, juillet 1996) ont concerné par ordre décroissant :

- secours à victime,
- assistance à personne,
- accidents de la circulation,
- reconnaissances, recherches,
- interventions en rapport avec l'eau, le gaz, l'électricité,
- incendies,
- protection des biens,
- faits d'animaux,
- pollutions.

2 TRAVAIL SUR LES MATÉRIAUX

Il se déroule en deux temps : comprendre un message et le restituer.

2.1 COMPRENDRE UN MESSAGE

S'agissant d'un document audiovisuel, celui-ci contient une ou plusieurs informations qualifiées de "message". Autrement dit, ce que vous voyez, ce que vous entendez, montrent, démontrent ou signifient quelque chose de perceptible.

Un fait se produit : il a une ou des causes et un ou plusieurs effets, nécessitant une action ou réaction.

Le document soumis aux candidats est donc de nature événementielle ou factuelle.

2.2 RESTITUER FIDÈLEMENT LES ÉLÉMENTS DU MESSAGE

2.2.1 LES ÉLÉMENTS DU MESSAGE

Tout message contient des éléments qualifiés d'essentiels ou secondaires.

Il appartient à celui qui reçoit le message d'effectuer cette différenciation. Celle-ci n'obéit pas à des règles générales mais est généralement fonction :

- De la personnalité intrinsèque du candidat : capacité à ne percevoir et retenir que les éléments importants, ou à l'inverse, que des détails secondaires ou insignifiants (= qui n'ont pas de signification).

- Du cursus scolaire ou de l'expérience professionnelle du candidat : par exemple, un technicien automobile et un secouriste percevront différemment, en observant un accident de la circulation, la gravité des faits ou des conséquences. Les éléments essentiels ou secondaires, ne seront donc vraisemblablement pas identiques, dans cette hypothèse, pour les deux métiers.

- Des connaissances particulières du sujet : si le document audiovisuel porte sur une intervention de sapeur-pompier, les candidats pompiers volontaires ou secouristes, auront une appréciation du message plus rapide qu'un autre candidat. Ceci n'implique cependant pas, d'une part qu'ils ne commettent pas d'erreur d'appréciation sur la qualité, essentielle ou secondaire, des éléments exposés, et d'autre part qu'un candidat non initié ne puisse également opérer avec justesse cette distinction.

Il conviendra donc, au fil des exercices et plus encore le jour du concours, de gommer ces causes de subjectivité afin de ne retenir qu'une règle de distinction entre éléments secondaires et essentiels : au regard de ce que l'on attendra de moi dans ma future activité, qu'est-il important que je perçoive dans l'ensemble des informations dont je suis le témoin ou le destinataire, afin de pouvoir les restituer.

2.2.2 LA RESTITUTION FIDÈLE DES ÉLÉMENTS ESSENTIELS

La perception des éléments essentiels contenus dans le message doit s'opérer suivant les quatre optiques suivantes :

2.2.2.1 Les éléments devront être restitués, ce qui implique :

- Une attention visuelle et auditive soutenue tout au long de la présentation du document.

La prise de connaissance d'un document audiovisuel peut souvent laisser la place à une attitude passive : le candidat se laisse porter par les images, le scénario, participe le cas échéant à l'action par identification. Cette épreuve ne fait pas appel à votre imagination et n'a pas non plus pour but de vous faire passer un agréable moment. C'est un matériau soumis à votre attention, à votre réflexion et votre mémorisation.

A la manière d'un cours de maintenance mécanique, professé par un support audiovisuel, et nécessitant de votre part une mémorisation sélective pour mise en application immédiate.

Apprenez donc à vous affranchir de la magie de l'image : distancez-vous au point de devenir l'intervenant critique à qui l'on soumet différentes informations et qui devra en rendre compte. Le fait que l'épreuve se déroule dans une salle légèrement obscurcie peut sacraliser l'image, ou, à l'inverse, le fait que vous regardiez habituellement les informations du journal télévisé dans une atmosphère détendue risque, par familiarité, d'affranchir la distance qui doit exister entre l'émetteur de l'information et le récepteur : vous-même.

Cette distance nécessite un court apprentissage que vous pourrez facilement opérer en vous astreignant à suivre le journal télévisé dans une atmosphère calme, bloc de papier devant vous.

- <u>Une mémorisation, aidée par la prise de notes, des éléments essentiels</u>

Dans l'état actuel de la formulation des textes relatifs à l'organisation du concours, on ignore si la prise de notes, autorisée durant la présentation de l'épreuve, le sera également durant la projection des documents audiovisuels.

Notre interprétation penche plutôt pour une autorisation.

En tout état de cause, avec ou sans prise de notes durant le déroulé de l'épreuve, vous devez avoir présent à l'esprit une grille logique d'enchaînement des éléments. Cette grille sera renseignée, mentalement ou par écrit, au fil du déroulé du document.

En effet, même si le document ne présente pas chronologiquement l'enchaînement des éléments, tout événement obéit à la règle : cause - fait - conséquence. L'exposé, notamment audiovisuel, d'un événement déjà survenu s'effectuera souvent dans l'ordre inverse : conséquence - fait - cause, ceci essentiellement parce que :

- il est rare que l'on puisse assister à la cause d'un événement ou, tout au moins, que les éléments dont on est le témoin, puissent être la source d'un événement.

Ceci ne vaut évidemment pas pour des événements auxquels on assiste "en direct" : ainsi, pour une retransmission télévisée d'un événement "en direct", par exemple un Grand Prix automobile, tout élément présenté est susceptible d'être, à un moment, la cause d'un événement ayant des conséquences.

À l'inverse, un reportage à partir d'images déjà filmées ("différé"), privilégiera le lien de cause à effet à propos d'un document : ainsi, la courte distance séparant deux véhicules roulant à vive allure, conjuguée avec une tentative de dépassement, expliqueront l'accrochage des voitures provoquant une sortie de piste.

Soit schématiquement :

Chronologie	Éléments essentiels	Éléments secondaires
Cause (= circonstances)	Distance rapprochée + tentative de dépassement	Conditions météorologiques (sauf si cause directe : i.e., pluie)
Fait / événement	Accrochage	Peinture rayée, tôle froissée, balle de paille endommagée
Conséquences	Intervention des secours :	Émotion du public

Conséquences	Intervention des secours : - sauvegarde des personnes et des biens - mise en place d'une signalétique	Émotion du public

- Plus généralement, un document audiovisuel concernant un événement sera réalisé à partir de l'étape "conséquences".

Ainsi, le journal télévisé, dans une courte séquence de 2 à 3 minutes :

1. Présentera :

- les conséquences d'un événement : par exemple un déraillement ferroviaire,
- les actions palliatives et curatives limitant les conséquences nuisibles du fait : par exemple, l'intervention des équipes de sauvetage.

2. Tentera d'éclairer les faits : déraillement conjugué à un incendie, voire autres faits non encore perceptibles.

3. Envisagera des hypothèses sur les causes : non respect des consignes par le conducteur, obstruction des voies, défaillance technique.

La chronologie sera donc dans ce cas :

- conséquences et actions sur les conséquences : description,
- faits : narration non limitative,
- causes : hypothèses.

Ces deux derniers points seront d'autant plus difficiles à cerner que la réalisation du document audiovisuel sera proche dans le temps de l'événement.

Une utilisation plus tardive des matériaux autorise un recul facilitant l'appréhension de tous les éléments et la compréhension de la chronologie.

> Face à la projection d'un document audiovisuel, conservez présent à l'esprit que ce qui est montré ou dit, ne s'inscrit pas nécessairement dans la chronologie. Il convient donc, pour restituer les éléments en réponse à une question, d'ordonner mentalement, ou par écrit, les informations fournies sur une grille logique intangible : cause - fait - conséquence.

Mais cette grille n'intégrera que les informations visuelles ou sonores contenues dans le document : il s'agit de mémorisation fidèle.

2.2.2.2 Les éléments devront être restitués fidèlement

À la première difficulté consistant à discerner les éléments essentiels de ceux qui sont secondaires, s'ajoute celle de votre propre perception des événements.

À cet égard, au cours de cette épreuve, il convient de mémoriser avec fiabilité (grille d'analyse) et restituer fidèlement.

Dans les deux cas, vous devrez vous efforcer de limiter votre perception personnelle (subjectivité) de la situation et tendre le plus possible vers la mémorisation objective (ce qui est montré ou dit, et seulement cela), c'est-à-dire : les faits importants, rien que les faits, mais tous les faits.

La prise de notes vous permettra de limiter partiellement ce risque : en effet, une évolution de votre perception (souvenir - mémoire) pouvant intervenir entre le court moment où vous regardez le document et celui où vous aurez à répondre à des questions portant sur ce document, le risque de déformation ne se produira qu'à la perception initiale et sera faible entre l'instant de consignation et celui de la restitution.

La restitution fidèle sera donc le miroir de ce que vous avez vu et entendu. Une question posée pourrait ne pas trouver sa réponse dans ce qui a été exposé : n'y suppléez pas par votre imagination, c'est-à-dire votre subjectivité. Il est vraisemblable, dans une telle hypothèse, que vous n'aurez pas enregistré cet élément lors de la visualisation. En effet, la construction de l'épreuve est faite pour que toute question posée trouve directement sa réponse dans les éléments projetés, sans travail déductif ou inductif de la part du candidat.

Au cours des exercices proposés vous aurez la possibilité de relire les éléments soumis : le jour du concours, seule la maîtrise de la grille d'analyse vous permettra d'éviter cet écueil.

2.2.2.3 Les éléments devront être restitués d'une façon compréhensible

Sous-entendu : compréhensible pour votre correcteur.

Deux causes peuvent rendre votre travail incompréhensible :

- **Problèmes de fond** : vous n'avez pas compris le document qui vous était soumis. La nature même du type de document soumis exclut cette possibilité : document de portée générale, réalisé par la Direction de la Sécurité Civile ou provenant d'un journal télévisé, donc un document accessible.

En revanche, la passivité devant l'image projetée, le décorticage imparfait du triptyque cause - effet - conséquence,

La multiplication des exercices permet d'éviter cette difficulté et ainsi d'obtenir un bon résultat (notation : 3 points sur 20).

- **Problèmes de forme** :

  - Le premier et le plus fréquent ... et évident : la lisibilité. Restituer de façon compréhensible c'est déjà être compris, c'est-à-dire pouvoir être lu. Les correcteurs pénalisent habituellement d'une façon déterminante les copies illisibles. Ils considèrent d'une part la perte de temps occasionnée par le déchiffrage et d'autre part, assimilent souvent ce défaut à un manque de respect. Notation : 1 point sur 20.

  - Fautes d'orthographe, de grammaire et de conjugaison. Les fautes de français démontrent que le candidat ne maîtrise pas la langue écrite. A cet égard, lecture et révision des manuels de grammaire du secondaire s'imposent. Utiliser, en particulier, les ouvrages BESCHERELLE (Editions Hatier).

    S'il est pratiquement impossible de ne pas laisser passer la moindre faute dans une copie rédigée dans les conditions du concours, il est impératif de se relire pour éviter les fautes grossières qui gâchent le devoir. A cet égard, un délai est prévu pour améliorer, par relecture, le travail écrit de chaque candidat. Mettez à profit ce délai pour corriger vos fautes d'orthographe : 10 fautes vous feront perdre 4 points sur 20 attribués à la notation de cette épreuve.

  - Qualité de l'expression écrite. L'objectif de votre réponse est de fournir au destinataire une information rapide (concise), claire (logique) et fidèle aux sources (objective).

    - Le style : il convient d'adapter son style à la nature de l'épreuve. Il ne s'agit ni d'une rédaction ni d'une dissertation. Il convient, en réponse aux questions

- Le style : il convient d'adapter son style à la nature de l'épreuve. Il ne s'agit ni d'une rédaction ni d'une dissertation. Il convient, en réponse aux questions posées, de rapporter les éléments d'une façon brève et précise.

  Le style est sobre sans être télégraphique.

  Le modèle sujet - verbe - complément, dynamisé par l'indicatif présent nous semble approprié. Les phrases trop longues, aux emboîtements compliqués (proposition subordonnée) perdent le lecteur qui risque d'avoir à relire votre texte pour le comprendre. Une phrase principale ne devrait pas être suivie de plus d'une subordonnée. En termes de mots, toute phrase supérieure à vingt-quatre mots provoque une perte en compréhension du lecteur : les phrases les plus efficaces ne doivent pas compter plus de deux lignes et demie (notation : 1,5 points sur 20).

- Le vocabulaire : le plus simple est de s'inspirer de celui utilisé dans le document audiovisuel. Cependant, afin de vous démarquer des autres candidats, faire appel à une plus large palette de mots devrait vous permettre d'accrocher 1,5 points sur 20. Ayez cependant toujours présent à l'esprit que :

  * richesse de vocabulaire n'est pas synonyme d'imprécision ni de périphrases lourdes,

  * il convient d'écarter les termes :

    . sans contenu informatif,
    . inappropriés ou désuets,
    . familiers ou vulgaires,
    . techniques (sauf si nécessaire) ou de type jargon,

- pseudo-savants et les clichés,
- littéraires ou prétentieux.

Enrichissez votre vocabulaire par la lecture, mais ne faites vôtres que les termes dont vous maîtrisez parfaitement la signification, sans contresens.

2.2.2.4 Présentation ordonnée des éléments

La difficulté signalée plus haut sur la chronologie des éléments, telle qu'elle peut apparaître sur des documents audiovisuels relatant un événement, doit essentiellement être surmontée par la technique de la grille d'analyse. Les faits s'enchaînent et s'articulent autour des causes et des conséquences, mais la présentation faite dans le document peut être inversée pour les raisons évoquées : à vous de re-situer, au fur et à mesure que l'on vous délivre les informations, les éléments dans leur chronologie, puis de les restituer d'une façon ordonnée, en fonction de chaque question posée.

De plus, s'agissant de plusieurs questions, la restitution ordonnée s'appliquera réponse par réponse, sur un point précis. Il ne s'agit pas ici d'une rédaction ou composition en réponse à un seul énoncé qui serait : "*Décrivez les événements qui vous ont été présentés.*"

Au cas particulier, il vous est demandé de répondre d'une façon ordonnée :

- dans la forme, c'est-à-dire sujet - verbe - complément,
- sur le fond : les phrases courtes s'enchaînent logiquement pour aboutir à une réponse à la question.

Cet enchaînement logique s'effectue à l'aide de mots de liaison qui indiquent :

- une corrélation entre deux phrases :
  d'une part, d'autre part ;

- une succession entre deux phrases :
  tout d'abord, ensuite, premièrement, deuxièmement ;

- le renforcement d'une proposition par une autre :
  de plus, également ;

- la restriction d'une proposition par la suivante :
  mais, cependant ;

- la conséquence, (induction et déduction sont à manier avec prudence) :

  en conséquence, d'où, aussi ;

- la conclusion et ouverture finale :
  en résumé, notre sentiment, en situant plus largement la question.

N'oubliez pas qu'à ce stade de votre travail, on doit impérativement trouver une réponse à la question posée.
La réponse est ouverte : il ne s'agit pas d'un questionnaire à choix multiple où une réponse, et une seule, est valide. Il n'y a donc pas, pour la correction, une formulation-type par réponse : cependant, sur des questions précises, le correcteur attendra la présence de certains éléments fournis par le document audiovisuel.
La notation de cette phase est déterminante : si chronologie et enchaînements des idées comptent pour deux points, en revanche l'exploitation du sujet dans votre réponse et son originalité pourront être respectivement notées pour 4 et 3 points.

CHAPITRE 3
MÉTHODOLOGIE DE LA PRÉPARATION ET EXERCICES

La méthodologie de la préparation est basée sur des documents écrits.

Ceci s'explique essentiellement par les raisons suivantes :

- Une méthode suppose un exposé, accompagné d'explications et son application par des exercices. Autant les exercices eux-mêmes pourraient être sur des supports audiovisuels, autant le principe de leur traitement s'accommoderait mal d'un autre support que l'écrit.

- Il faut, par ailleurs, laisser la possibilité au lecteur d'annoter directement les exercices et, en les reprenant, de les perfectionner : par là-même, il peut mesurer ses progrès.

Nous exposerons donc dans un premier temps ce que constitue une grille d'analyse, pièce maîtresse de conduite des exercices, puis nous la confronterons aux exercices.

1 LA GRILLE D'ANALYSE

Le document audiovisuel qui vous sera soumis le jour de l'épreuve est un message.

Le message que vous percevrez s'articulera autour de trois phases, vraisemblablement pas présentées dans une chronologie logique : cause - fait - conséquence. La prise de notes devra, pour chacune des phases, distinguer éléments essentiels et secondaires. Au cours des exercices, vous vous entraînerez à opérer cette distinction : le jour du concours, seuls les éléments essentiels primeront.

De même, par un mécanisme devenu naturel, vous devrez savoir situer les éléments objectifs relatifs au document : qui a fait le document, quand et où se situe-t-il (identification des caractéristiques).

Schéma de la grille

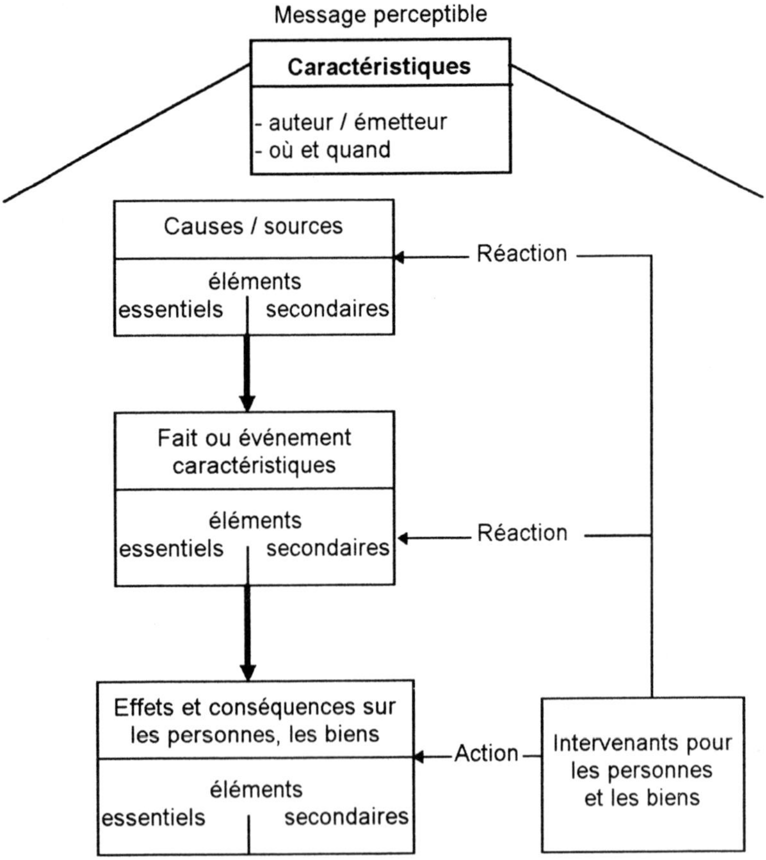

2 EXERCICE COMMENTÉ

Nous partons d'un article de presse (colonne de droite), n'oubliez pas que la lecture de la presse nationale ou régionale vous fournira quantité d'informations sur les différents aspects de la Sécurité Civile, et avant d'y appliquer la grille d'analyse, nous distinguons, dans la colonne de gauche, éléments essentiels ou secondaires et leurs caractéristiques.

Moto contre voiture :
trois blessés à l'entrée de Chasselay
(*Le Progrès, 7 mai 1996*)

Les phases de l'événement :	
événement : date, heure, lieu	Une collision entre une moto de grosse cylindrée et une Citroën BX est survenue, hier après-midi vers 14 h 30, à l'angle du CD 16 et du CD 100 à l'entrée de Chasselay.
circonstances intervenant	Le motard, accompagné d'un passager, venait de Lissieu quand il a percuté l'arrière de la voiture qui était engagée au croisement et à bord de laquelle se trouvaient deux personnes. Les pompiers de Chasselay et du Grand-Lyon ont porté secours au pilote de la moto, Anthony Gray, 20 ans, demeurant à Neuville, grièvement blessé.
conséquences : 1 blessé grave héliporté 1 blessé léger hospitalisé 1 blessé léger	Le jeune homme a été médicalisé par le Samu avant d'être héliporté à l'hôpital Édouard-Herriot. Son passager, Sébastien Herbillon, 19 ans, lui aussi domicilié à Neuville, et plus légèrement atteint, a également été hospitalisé. Le conducteur de la BX est sorti indemne de la collision. Sa passagère, en revanche, a été légèrement blessée.
intervenant ← recherche des causes ←	Les gendarmes de Limonest, qui ont procédé aux premières constatations, ont ouvert une enquête afin de déterminer les circonstances exactes de l'accident.

2.1 EN REPORTANT CETTE INFORMATION SUR LA GRILLE, NOUS TROUVONS :

1. Caractéristiques du message :

Auteur : Le Progrès, 7 mai 1996

2. Causes de la collision : une enquête est ouverte afin de les déterminer.

3. Faits :

Quand : le 6 mai 1996

Heure : vers 14 h 30

Où : angle CD 16 et CD 100, entrée de Chasselay

Nature : collision moto (2 personnes) - voiture (2 personnes)

4. Effets :

Sur les personnes : 3 blessés dont un grièvement

Sur les biens : ?

5. Intervenants :

- Pompiers de Chasselay et du Grand-Lyon : pour le blessé grièvement atteint (action)
- SAMU : médicalisation du blessé grièvement touché et héliportage.
- Gendarmes de Limonest : premières constatations

2.2 LES QUESTIONS QUI POURRAIENT ÊTRE POSÉES :

Question courte : Combien de personnes sont impliquées dans cet accident et degré de leurs blessures ?

Les deux personnes sur la moto et la passagère de la voiture, soit trois personnes. Le conducteur de la moto est gravement blessé, les deux autres personnes sont légèrement blessées.

Questions plus longue : Quelles sont les circonstances et les causes de cet accident ?

- **Circonstances** : le 6 mai 1996, vers 14 h 30, un conducteur de moto, accompagné d'un passager, a percuté à l'angle des CD 16 et 100 vers Chasselay, l'arrière d'une voiture. Celle-ci était engagée dans le croisement et deux personnes se trouvaient à son bord.

- **Causes de l'accident** : c'est-à-dire pourquoi la moto a heurté l'arrière du véhicule ? La cause n'est pas connue et fait l'objet d'une enquête de la Gendarmerie.

☞ **NOTA :**

Les noms des personnes impliquées ainsi que la marque de la voiture sont ici sans intérêt.

3 EXERCICE AVEC PROPOSITION DE CORRECTION

Un pavillon détruit par un incendie

(*Le Progrès, 14 mai 1996*)

Noter les phases de l'événement

Une villa installée au 155, chemin de la Blancherie, dans le lotissement du Clos Saint-Georges à Saint-Symphorien-d'Ozon a été la proie d'un très violent incendie, hier matin peu après 10 heures.

A l'arrivée des pompiers, venus de Saint-Symphorien-d'Ozon, le pavillon était totalement embrasé et les flammes menaçaient deux maisons voisines. Les secours ont mis en batterie trois petites lances, dont une sur échelle, afin de combattre le sinistre et d'éviter sa propagation. Lors de l'intervention, les pompiers ont secouru l'unique occupante de la maison qui avait été blessée dans des circonstances que l'enquête ouverte par les gendarmes devra définir. Un pompier a également dû être hospitalisé à Jules-Courmont, légèrement incommodé par les fumées.

Hier, l'origine de l'incendie demeurait indéterminée. Les premières constatations, ainsi que les témoignages recueillis sur place pourraient permettre aux gendarmes des unités de la compagnie de Bron et de la brigade de recherche départementale du Rhône, chargés des investigations, de déterminer avec précisions les circonstances à l'origine du sinistre.

3.1 PREMIER EXERCICE : RENSEIGNEMENT DE LA GRILLE

	<u>Corrections</u>
• Caractéristiques du message	Le Progrès, 14 mai 1996
• Causes	Les causes restent à déterminer
• Faits	Quand : le 13 mai 1996 Heure : après 10 h Où : 155, chemin de la Blancherie, St-Symphorien d'Ozon Nature : incendie d'une villa
• Effets	Sur les personnes : occupante de la villa blessée et hospitalisée (état ?), un pompier hospitalisé (légèrement incommodé par les fumées) Sur les biens : la villa détruite et deux maisons voisines menacées
• Intervenants	<u>Pompiers</u> (St Symphorien d'Ozon) pour éteindre la villa embrasée (action) et limitation de la menace sur les maisons voisines (réaction) : 3 petites lances dont une sur échelle <u>Gendarmes</u> (Compagnie de Bron et brigade de recherche départementale du Rhône) : enquête sur les causes du sinistre

3.2 DEUXIÈME EXERCICE : QUESTIONS

Corrections

- Question courte

Moyens mis en œuvre par les pompiers.	Les pompiers ont mis en œuvre 3 petites lances, dont une sur échelle.

- Question longue

Pourquoi mettre en œuvre ces moyens ?	La villa détruite par l'incendie se trouve dans un lotissement. Les risques d'extension du sinistre sont donc plus importants que dans une zone à habitat isolé. Ainsi, deux maisons voisines étaient menacées par les flammes. Les moyens mis en oeuvre visaient donc à circonscrire rapidement le sinistre.

4 EXERCICE AVEC PROPOSITION DE CORRECTION

Un mort dans le camion-citerne

(*Ouest-France, 6 juin 1996*)

Noter les phases de l'événement

Il était 15 h. Le camion-citerne à l'enseigne d'Elf-Antar roulait en direction de Nantes quand des témoins l'ont vu zigzaguer devant la station Shell, à Theix. Cinq cents mètres plus loin, en face de la station Elf, le poids-lourd a mordu sur la chaussée, avant d'aller se coucher sur l'accotement.

Le conducteur, M. Alain Courant, 46 ans, employé de la société Elf et domicilié 7, avenue Croizat, à Nantes, a été tué sur le coup. Coincé dans la cabine du poids-lourd, il a été dégagé par les sapeurs-pompiers de Vannes, qui ont utilisé des coussins de levage pour soulever l'avant du camion.

Avant toute manoeuvre de dégagement, des spécialistes de la maison Elf sont intervenus sur place pour déceler une éventuelle fuite de gaz. Après vérification, ils n'en ont constaté aucune. Pendant les vérifications, la circulation a été déviée dans les deux sens, vers Theix et Noyalo. Un embouteillage de plusieurs kilomètres a suivi depuis Vannes sur la voie express.

4.1 PREMIER EXERCICE : RENSEIGNEMENT DE LA GRILLE

	Corrections
• Caractéristiques du message	Ouest-France, 6 juin 1996
• Cause de l'événement	Indéterminée
• Faits	Quand : non daté, avant le 6 juin 1996 Heure : 15 h Où : Theix, en direction de Nantes Nature : camion-citerne, contenant des produits pétroliers, qui quitte la chaussée et termine sa course couché sur l'accotement
• Effets	Sur les personnes : conducteur tué sur le coup Sur les biens : camion endommagé et un embouteillage de quelques kilomètres
• Intervenants	Pompiers (Vannes) : extraction de la cabine du conducteur coincé. Moyens : coussins de levage Autres : spécialistes de l'entreprise à laquelle le camion appartient, qui vérifient l'absence de fuite de gaz

4.2 DEUXIÈME EXERCICE : QUESTIONS

Corrections

- Questions

Que transportait le camion ?	Cela n'apparaît pas explicitement : on sait seulement qu'il s'agit d'un camion-citerne à enseigne d'une compagnie pétrolière.
Risques particuliers de l'intervention.	Au-delà d'un grave accident de la route ayant causé mort d'homme, le risque particulier est causé par la nature des matières transportées. Le choc de l'accident pourrait avoir endommagé les cuves du camion-citerne, libérant des produits hautement inflammables. Compte tenu de la densité de circulation et des risques d'explosion, le trafic routier a été dévié. Les spécialistes ont vérifié l'absence de fuite de gaz, les pompiers pouvant alors effectuer leur manœuvre de dégagement du conducteur.

5 EXERCICE AVEC PROPOSITION DE CORRECTION

La brûlerie Coïc ravagée par le feu

(*Ouest-France, 22 mai 1996*)

Noter les phases de l'événement

Il est un peu moins de midi hier lorsqu'une employée de la brûlerie aperçoit une fumée s'échappant du toit de l'établissement. "*On est aussitôt montés avec des extincteurs*, explique Laurent Coïc, le PDG de la société, *mais c'était déjà trop tard. Les flammes se propageaient à la charpente*."

Les pompiers de Quimper arrivent en peu de temps sur les lieux et mettent en œuvre quatre lances à incendie. Mais ils ne peuvent empêcher les flammes, qui ont pris naissance dans un atelier de torréfaction, de détruire une bonne partie du bâtiment.

Ils sont en effet confrontés à la "*grosse difficulté" que constitue "le fort potentiel calorifique des emballages et du café vert*", note le commandant Gérard Milin, patron du centre de secours quimpérois. Car le bâtiment abrite une quinzaine de tonnes de ce café vert constituant un "*véritable charbon*" selon un pompier qui, comme ses collègues, a particulièrement souffert de la chaleur. Celle-ci a quasiment fait fondre le casque d'un sauveteur et a provoqué l'éclatement d'un mur en béton.

Les flammes ont détruit les ateliers de torréfaction et de stockage ainsi que les bureaux administratifs et une bonne partie des archives. La mémoire informatique de l'entreprise a, en revanche, pu être sauvée par les salariés aidés par des voisins.

Les stocks de café (une vingtaine de tonnes),

comme les produits annexes (infusions, thé, sucre, etc.), sont pour leur part partis en fumée. Des réserves particulièrement fournies puisque la société venait de se réapprovisionner. "*Nous avions au moins un million de francs de stocks*", selon Laurent Coïc.

Ce sinistre d'origine accidentelle a mis en chômage technique les vingt salariés. Pour que sa société puisse continuer à travailler, Laurent Coïc compte "*faire torréfier le café ailleurs. Mais on ne sait pas où l'on pourra faire l'empaquetage*".

Yves Rohou, le maire de Plomelin, envisageait de mettre un bâtiment à la disposition de la Brûlerie des Châteaux. Il lui faut pour cela réussir à régler un problème administratif.

Hier, les pompiers à qui il avait fallu plus de deux heures pour maîtriser les flammes, étaient toujours sur place. Ils devaient y maintenir des équipes de surveillance pendant toute la nuit.

5.1 PREMIER EXERCICE : RENSEIGNEMENT DE LA GRILLE

	Corrections
• Caractéristiques du message	Ouest-France, 22 mai 1996
• Cause de l'événement	D'origine accidentelle, sans autre précision
• Faits	Quand : 21 mai 1996 Heure : un peu avant midi Où : Plomelin Nature : incendie dans une brûlerie de café

• **Effets**	**Sur les personnes : aucun** **Sur les biens : destruction des ateliers de torréfaction, de stockage, bureaux administratifs et archives**
• **Intervenants**	**<u>Pompiers</u> (Quimper) : maîtrise du feu en plus de deux heures (4 lances à incendie mises en oeuvre) et équipes de surveillance pendant la nuit** **<u>Salariés et voisins</u> : mise à l'abri de la mémoire informatique**

5.2 DEUXIÈME EXERCICE : QUESTIONS

	<u>Corrections</u>
Quelles sont les conséquences de l'incendie sur les personnes et les biens ?	Pour les personnes, aucune conséquence physique immédiate mais mise en chômage technique. Pour les biens : stocks et outils de production détruits.
Caractéristiques particulières de l'incendie.	C'est la forte chaleur se dégageant de l'incendie qui le caractérise. Cette forte chaleur provient de la combustion d'un produit inhabituel : le café. Les emballages et les quinze tonnes de café vert ont constitué un fort potentiel calorifique : en l'espèce, le café est un véritable charbon.

6 EXERCICE AVEC PROPOSITION DE CORRECTION

Le siège du Crédit Lyonnais a été ravagé par un incendie

(*Le Monde, 7 mai 1996, Éric Fottorino*)

Noter les phases de l'événement

(Sous titre) Toute la journée du dimanche 5 mai, l'immeuble classé de la grande banque publique, boulevard des Italiens à Paris, a été la proie des flammes. La police judiciaire a été chargée de l'enquête visant à déterminer les causes du sinistre.

(Article) Un quartier de l'Opéra bouclé par la police. D'interminables tuyaux déroulés sur la chaussée. Un poste médical d'urgence installé à l'intérieur de la brasserie La Taverne : les Parisiens et les touristes de passage se souviendront longtemps de ce dimanche ensoleillé qui vit flamber le siège du Crédit Lyonnais, un superbe immeuble en pierre de taille, classé monument historique, dont la façade donnant sur le boulevard des Italiens est, par miracle, restée intacte. "*L'incendie est maîtrisé*", déclarait en fin d'après-midi le capitaine des pompiers, Jean-Luc Chivot, l'air fatigué mais soulagé. "*Nous avons encore du mal à éteindre les foyers secondaires à cause des difficultés à pénétrer sur place*".

Quelque deux cent soixante hommes se relayaient pour venir à bout des flammes, qui offraient une résistance inattendue. Et pour cause. Signalé par une alarme vers 8 h 30, l'incendie s'est déclaré dans la salle des marchés, un espace très vaste dépourvu de toute cloison susceptible de ralentir la progression du fléau. En temps normal, il s'agit d'un lieu où chacun doit pouvoir communiquer instantanément afin de sentir le pouls des échanges et intervenir au plus vite. Quant aux bureaux situés au deuxième et au troisième niveau de l'immeuble, et surplombant la salle de marchés, ils n'ont pas tardé à être à leur tour, la proie des flammes, une fois dévorés les planchers et éclatées - par la chaleur intense - les baies vitrées. L'ensemble s'est ainsi effondré, rendant le foyer principal presque inaccessible.

"*T'as vu le morceau ?*", demande un pompier à l'un de ses collègues revenant du feu. "*Pas longtemps*", répond l'homme exténué, le visage noirci, avant d'aller s'allonger un instant sur une civière.

Au total, il aura fallu plus de dix heures aux équipes de pompiers, venues de trente casernes, pour circonscrire l'incendie puis le maîtriser réellement. À la fin de la journée, pendant qu'une épaisse fumée noire continuait de s'échapper par bouffées de l'immeuble de l'avenue du 4-Septembre, trente-neuf "soldats du feu" étaient soignés pour des brûlures au premier et au deuxième degré. Un autre était plus gravement atteint. Les trois vigiles du Crédit Lyonnais, présents sur les lieux le matin, ont eu plus de peur que de mal, ayant seulement inhalé quelques vapeurs toxiques. "*Les deux tiers de l'îlot n'ont pas été touchés*, précise le capitaine Chivot. *On ne peut rien dire quant à l'origine du sinistre avant de connaître les résultats des analyses confiées au laboratoire central de la préfecture de police*." D'après les pompiers, il pourrait s'agir d'un court-circuit survenu au cœur du système informatique. Mais aucune autre hypothèse n'est écartée.

Sur la chaussée déserte, des sifflements d'air comprimé troublaient le silence du périmètre protégé. Tels des plongeurs en eaux profondes, les pompiers partaient à l'assaut des flammes après s'être accroché sur le dos des bouteilles d'oxygène. D'autres, avec des figures de ramoneurs, récupèrent à même le trottoir. Le foyer s'est propagé dans les cinq étages de l'immeuble avant de gagner les combles et d'atteindre enfin la toiture. "*Dès lors, le foyer était moins intense et plus accessible*", explique encore le capitaine Chivot.

(Intertitre : Comme le printemps en 1921)

Les cameramen de télévision sollicitaient l'autorisation de tourner quelques images. "*Un par un,* temporisait le capitaine. *Tous les dangers ne sont pas écartés.*" Sur le trottoir, les badauds essayaient de se souvenir des derniers grands incendies du quartier. L'un d'eux désigne une façade voisine où se trouvait une salle de cinéma, près des anciens locaux du *Monde*. Non loin d'ici, en 1921, un terrible incendie avait embrasé - pour la deuxième fois - les magasins du Printemps, situés entre le boulevard Haussmann et la rue de Provence. Les pompiers de la capitale, dirigés par un certain colonel Hivert, avaient eu raison des flammes, grâce à une centaine de lances à eau. "*Hivert a sauvé le Printemps*", s'exclamait-on dans Paris.

Dimanche soir, une odeur de brûlé se propageait même dans les couloirs de la station de métro Opéra. Vers minuit, dans la nuit de dimanche à lundi, on apprenait que la salle des coffres, située au premier sous-sol, avait été touchée par le feu et que "*certains coffres*" avaient été endommagés.

Éric Fottorino

6.1 PREMIER EXERCICE : RENSEIGNEMENT DE LA GRILLE

	Corrections
• Caractéristiques du message	Le Monde, 7 mai 1996, Éric Fottorino
• Causes de l'incident	Indéterminées : la police judiciaire est chargée de l'enquête
• Faits	Quand : journée du 5 mai 1996 Heure : 8 h 30 Où : Paris, boulevard des Italiens Nature : incendie d'un immeuble ancien à usage de bureaux. Caractéristiques : forte chaleur et important volume de fumées.
• Effets	Sur les personnes : 39 pompiers brûlés au premier et deuxième degré Sur les biens : destruction d'une partie des bâtiments (1/3), ainsi que certains coffres
• Intervenants	Pompiers : 260 hommes venus de 30 casernes, pendant 10 heures

6.2 DEUXIÈME EXERCICE : QUESTIONS

	Corrections
A qui sont comparés les pompiers partant à l'assaut des flammes ?	Les pompiers, avec des bouteilles d'oxygène accrochés au dos, sont comparés à des plongeurs en eaux profondes. L'épaisse fumée rend la visibilité aussi faible qu'à grande profondeur et nécessite des moyens respiratoires adaptés.

Pourquoi cet incendie a-t-il été difficile à maîtriser ?

L'incendie, à ce stade de l'information, a pris naissance dans la salle des marchés. Celle-ci est conçue comme une vaste plate-forme où chacun communique de bureau à bureau, instantanément, dans la fièvre des transactions.

Les cloisons sont donc supprimées et dans le cas de ce type de sinistre, leur absence ne peut concourir à restreindre l'extension de l'incendie.

Par ailleurs, cet immeuble hausmannien du siècle dernier n'a pas été conçu en fonction des exigences actuelles de fonctionnement de services tertiaires, fortement informatisés.

Ceux-ci requièrent souvent faux-planchers et faux-plafonds, multiples équipements électriques, difficilement intégrables dans des bâtiments anciens.

Parce qu'il y va de la sécurité des hommes au travail, il convient d'adapter leur environnement à cette exigence de sauvegarde, et de structurer l'espace conformément au modèle d'organisation du travail propre à chaque activité.

7 COMPLÉMENT DE L'EXERCICE PRÉCÉDENT

Le sinistre important qu'est l'incendie du Crédit Lyonnais mérite une double approche. A celle journalistique et événementielle relatée par Le Monde, il convient d'ajouter celle professionnelle, détaillée dans la revue "Allo Dix-Huit" (juillet 1996).

Nous vous proposons de suivre la même méthode : relever les phases de l'événement, renseigner la grille et répondre aux questions. La première sera remplacée par : "Quels sont les moyens hydrauliques mis en œuvre au plus fort de l'incendie ?", la deuxième question restant inchangée.

Incendie de grande ampleur en plein centre de Paris

(*Allo Dix-Huit, juillet 1996, Lionel Grelou*)

Noter les phases de l'événement

(Introduction) Le siège du Crédit Lyonnais, imposante construction de style haussmannien, est situé à deux pas de l'Opéra Garnier dans le deuxième arrondissement de Paris. A l'intérieur, suite aux déclenchements de détecteurs d'incendie, des agents de sécurité font une reconnaissance au niveau de la salle des marchés d'une surface de plus de douze cents mètres carrés, une des plus grande en Europe, inaugurée quelques années auparavant.

A 8h32, la fumée est dense, impossible d'intervenir.

Ils contactent le centre de secours Saint-Honoré par la "ligne de feu" pour une fumée suspecte 16, rue de Choiseul.

(Intertitre : De la fumée, pas de flamme)

Il est 08h36, les secours de Saint-honoré se présentent, quatre minutes après l'appel. A l'extérieur de l'établissement, bordé au nord par le boulevard des Italiens, au sud par la rue du Quatre Septembre, à l'est par la rue de Gramont et à l'ouest par la rue de Choiseul, aucune fumée n'est visible. Un agent de sécurité les accueille. Dans les couloirs, une légère fumée. Au niveau de la salle des marchés, une fumée épaisse. Des crépitements se font entendre dans le vide du faux plafond. A l'entrée du sas, quelques braises sont éteintes au moyen de la lance du dévidoir tournant. La chaleur est intense, quelques minutes plus tard une vitre cède. Les fumées envahissent les couloirs. On ne peut localiser les crépitements qui se font toujours entendre. Aucune flamme n'est visible. Une petite lance est établie en attente. Le chef de garde demande des moyens supplémentaires. L'officier de permanence se présente, reconnaît les quatre faces, prend le Commandement des Opérations de Secours (COS), puis demande des moyens en renfort. Des fumées de couleur ocre sortent de la partie haute de l'immeuble. Dix minutes plus tard, devant l'importance des reconnaissances qui doivent être effectuées et le risque potentiel que constituent les fumées qui cheminent anarchiquement par les faux plafonds et les gaines : un renfort incendie est demandé.

La localisation de l'origine du foyer, qui se poursuit sous appareil respiratoire isolant, est pénible et complexe. La température est élevée. Les personnels progressent au plus près du plancher, s'orientant difficilement dans le labyrinthe des dégagements. Ils sont dans des conditions identiques à celles rencontrées lors d'un feu de cave. Des fumées épaisses et noires fusent des faux plafonds. Il faut canaliser les fumées vers l'extérieur, créer des exutoires. Plusieurs équipes s'y emploient dans la partie haute des cages d'escalier et à l'extérieur en brisant, non sans difficulté, les vitres de sécurité. Les fumées envahissent les locaux à tous les niveaux...

L'immense quadrilatère que représente l'établissement est sectorisé. Sur chaque face un officier prend la responsabilité des reconnaissances. Un large périmètre de sécurité libère de toute entrave les manoeuvres des secours.

(Intertitre : L'incendie se déclare)

Dans la coupole, située boulevard des Italiens, les gaz chauds s'accumulent, rapidement des exutoires sont créés pour éviter un embrasement spontané. Le Lieutenant-colonel commandant le premier groupement prend le COS. Le volume de fumée est de plus en plus important, son origine n'est pas formellement localisée

De nombreux moyens sont mis en attente. Inlassablement les nombreuses reconnaissances se poursuivent sous appareil respiratoire isolant. La fatigue se fait déjà durement ressentir. Les visages se marquent. Aux alentours de dix heures, l'incendie se déclare, tout se précipite. Très rapidement, une grande partie du premier étage s'embrase. Au niveau de la rue de Choiseul, les gaz chauds et imbrûlés, cheminant dans les gaines et les faux plafonds non recoupés - vecteurs de propagations verticales et horizontales -, ont trouvé l'oxygène nécessaire à leur inflammation. Le feu peut prendre une extension difficilement prévisible ! Les équipes, parties en reconnaissance, doivent rapidement évacuer l'intérieur de l'établissement. Un long moment de doute... Tous ont pu quitter la fournaise ! Après une tentative d'attaque massive du foyer sur plusieurs faces ne donnant pas les résultats escomptés, le

COS décide de renforcer les moyens d'accès aux façades et à la toiture. Malgré les difficultés, l'articulation du nouveau dispositif permet de contenir le sinistre à partir des communications verticales. Ceci permet de mieux gérer la progression du feu et limite les risques pris par les personnels au contact de l'incendie. Des moyens complémentaires sont demandés. En fin de matinée, seize petites lances sont en manoeuvre. Le feu intéresse environ six mille mètres carrés au premier étage de l'établissement. La chaleur rayonnante est importante. Rue de Gramont et rue de Choiseul, bien que les façades des immeubles faisant face à l'incendie soient à plus de huit mètres, il est nécessaire de les protéger par des jets de lances formant rideau d'eau. Plusieurs foyers importants génèrent des courants de convection qui activent des propagations dans un sens, puis dans un autre... Les gaines et trémies, faux plafonds, continuent de propager le feu. Il est 12h30, l'incendie intéresse les cinq niveaux en superstructure. L'absence de murs coupe-feu et de recoupements des gaines et trémies aux différents niveaux est dramatique. Les porte-lance ne disposent pas d'éléments de construction permettant d'appuyer leur action et limiter la progression du feu. Une lance grande puissance, sept grosses lances et seize petites lances sont maintenant en manoeuvre. La combustion dégage de nombreux gaz toxiques. Neuf sapeurs pompiers et trois civils sont intoxiqués par les fumées ou blessés. Le poste Médical Avancé mis en place au 24 boulevard des Italiens dans la matinée a déjà traité douze personnes dont neuf militaires du corps.

(Intertitre : Le feu ne diminue pas d'intensité...)

Le feu ne diminue pas d'intensité. Les équipes, pour la plupart présentes depuis le début de la matinée, mettent leur courage, leur volonté et leur hargne à combattre, dans une lutte inégale et insidieuse, cet incendie qui restera l'un des plus grands de cette décennie. Dans la salle des marchés, enclavée dans un ensemble de bureaux, située sous une dalle dépourvue d'exutoire et supportant un jardin intérieur en plain air, on peut facilement imaginer l'importance de la montée en température. Malgré des moyens hydrauliques importants - trois lances grande puissance, onze grosses lances et quatorze petites lances -, les structures métalliques fléchissent. On assiste alors, impuissants, en début d'après midi, à l'effondrement brutal de la dalle en partie centrale. Une importante surpression est générée. Les vitrages éclatent. Appel d'air. C'est l'embrasement quasi généralisé. Dans une ambiance d'apocalypse les gaz chauds sont propulsés dans les locaux adjacents.

Heureusement, aucun sapeur-pompier n'a été pris dans l'affaissement, quelques uns sont cependant blessés. Tout l'après-midi, les sapeurs-pompiers s'acharnent contre de nombreux foyers. En début de soirée, le foyer, situé rue de Choiseul ne baisse toujours pas d'intensité. Les moyens sont renforcés.

(Intertitre : Après dix huit heures d'effort : "maître du feu").

Il est 20h09, les risques de propagation sont écartés. Deux grosses lances et vingt deux petites lances sont en manoeuvre. Le Poste Médical Avancé est transféré au centre de secours Saint-Honoré. Le bilan provisoire s'élève à trente-neuf sapeurs-pompiers et quatre civils intoxiqués ou blessés. Les personnels "d'attaque" sont relevés. Des motopompes sont demandées pour libérer les engins-pompes. Pendant encore de longues heures les personnels luttent contre l'incendie. Le lundi matin, à 00h30, le COS passe le message "maître du feu, vingt-deux petites lances en manoeuvre". Après trois nouvelles heures d'effort, le feu peut être considéré comme éteint : vingt-deux petites lances manoeuvrent sur des foyers résiduels.

Plusieurs points chauds, décelés au moyen de la caméra thermique, sont traités au moyen de petites lances. Les relèves et les rondes vont se poursuivre jusqu'au vendredi 17 mai 1996 à 13h45. Le bilan définitif des victimes s'établit à 54 sapeurs-pompiers et quatre civils, intoxiqués ou blessés.

Malgré l'ampleur exceptionnelle des dégâts, et l'extrême complexité du sinistre, le déploiement des moyens et l'acharnement des personnels ont permis de préserver un tiers du bâtiment.

Lionel Grelou

Personnels engagés à l'attaque : 28 officiers, 52 sous-officiers, 248 militaires du rang

Personnels de relève et surveillance : 76 officiers, 205 sous-officiers, 590 militaire du rang

Principaux moyens engagés à l'attaque : 34 engins-pompes, 7 échelles mécaniques, 3 camions d'accompagnement, 3 premiers secours relevage, 5 ambulances de réanimation, 2 camionnettes réserve d'air comprimé

7.1 PREMIER EXERCICE : RENSEIGNEMENT DE LA GRILLE

	Corrections
• Caractéristiques du message	Allo Dix-Huit juillet 1996, Lionel Grelou
• Causes	Non précisées
• Faits	Quand : un dimanche, on cite simplement la date de fin de ronde, le 17 mai 1996. Heure : 8 h 32 Où : Paris 2ème arrondissement Nature : Incendie dans un immeuble ancien précédé de fumées épaisses. Interventions difficiles sous appareil respiratoire isolant. Déroulement : Dimanche, 8 h 32, épaisses fumées. 10 h : l'incendie se déclare. Durant 15 h, l'absence de murs coupe-feu, gaines, trémies et faux plafonds facilitent la propagation du feu. Point culminant : effondrement d'une dalle de 1200 m² sur une salle enclavée provoquant une surpression. Celle-ci fait éclater les vitrages, d'où appel d'air et embrasement général 20 h 09 : risques de propagation écartés. Lundi 00 h 30 : "Maître du feu" 03 h 30 : Feu éteint

▪ Effets	Sur les personnes : 54 sapeur-pompiers et 4 civils intoxiqués ou blessés. Sur les biens : 2/3 du bâtiment détruit.
▪ Intervenants	Pompiers engagés à l'attaque : 328 hommes Pompiers de relève et surveillance : 871 hommes.

7.2 DEUXIÈME EXERCICE : QUESTIONS

	Correction
• Moyens hydrauliques mis en oeuvre au plus fort de l'incendie	3 lances grande puissance 11 grosses lances 14 petites lances

CHAPITRE 4
APPROFONDIR LA PRÉPARATION

Exposé de la méthode et exercices doivent être complétés afin de parvenir à une totale maîtrise de ce type d'épreuve.

Les compléments sont : lecture de la presse généraliste et spécialisée, et entraînement à l'analyse de documents audiovisuels.

1 LA PRESSE

La lecture de la presse vise d'une part à vous familiariser avec les différents aspects de la sécurité civile, et plus particulièrement ceux dont les acteurs sont les sapeurs-pompiers.

D'autre part, cette lecture enrichit le vocabulaire, améliore le style rédactionnel et la capacité à exploiter un sujet.

Presse généraliste et presse spécialisée vous y aideront.

1.1 PRESSE GÉNÉRALISTE

Elle est constituée de la presse quotidienne nationale et régionale.

La presse nationale alimentera votre connaissance des grands thèmes de la sécurité civile (par exemple : environnement, la sécurité au travail ou dans l'univers domestique, les risques nouveaux liés au développement de certaines technologies, etc...).

De plus, la presse nationale relate des faits d'actualité particulièrement importants, à retentissement national ou international : grands sinistres comme l'incendie du Crédit Lyonnais, attentats, etc...

La presse régionale ou locale vous feront mieux découvrir les multiples activités et interventions quotidiennes des sapeurs-pompiers : leurs connaissances alimentent et fortifient vos motivations dans la perspective notamment de l'entretien avec le jury.

1.2 PRESSE SPÉCIALISÉE

Essentiellement destinée aux professionnels, sa lecture est cependant accessible à des non-initiés.

Nous citerons :

- Le sapeur-pompier (10 numéros par an).

  Journal Officiel de la Fédération Nationale des sapeurs-pompiers Français

  27, rue de Dunkerque

  75010 PARIS

  (tél. : 01.45.26.18.18)

- Allo Dix-Huit (mensuel)

  Édité par l'Association pour le développement des œuvres sociales des sapeurs-pompiers de Paris (ADOSSPP).

  1, place Jules Renard

  BP 31

  75823 PARIS CEDEX 17

2 DOCUMENTS AUDIOVISUELS

Deux types de documents peuvent enrichir vos connaissances et la pratique méthodologique : les émissions d'information et les journaux télévisés.

2.1 ÉMISSIONS D'INFORMATION

Les émissions ne constituent pas a priori des matériaux se rapprochant de la nature du document audiovisuel soumis le jour du concours : leur durée et leur structure diffèrent du reportage relatif à un événement. En revanche, documentaires et magazines d'information vous enrichissent en connaissances générales sur des sujets de portée générale et vous familiarisent avec ce media.

Émissions d'information (sélection juillet 1996) :

- Marche du siècle (France 3),
- Envoyé spécial (France 2),
- Capital (M6),
- 52 sur la Une (TF1),
- Zone interdite (M6),
- les différentes émissions pédagogiques de La Cinquième,
- documentaires et soirées thématiques sur Arte.

☞ **NOTA :**

Votre choix doit se porter sur des émissions dont le sujet est de portée générale.

2.2 *JOURNAUX TÉLÉVISÉS*

Qu'il s'agisse des journaux de 13 et 20 heures des grandes chaînes généralistes ou des éditions régionales de France 3, ces journaux constituent le prolongement le plus naturel à l'acquisition de la méthode de traitement du document audiovisuel et à sa mise en pratique.

Le but est de sélectionner dans le journal télévisé que vous suivez, le reportage de 2 à 3 minutes relatif à un événement de portée générale.

Pour ce faire, l'idéal est de travailler avec un magnétoscope : enregistrez l'ensemble du journal et sélectionnez le ou les séquences qui obéissent au critère de contenu décrit plus haut.

Projetez la séquence sélectionnée et renseignez la grille de principe : cause - fait - conséquence. Complétez-là des différents aspects détectés dans les exercices de ce chapitre.

Attention : les séquences que vous sélectionnez sont dépourvues de questions. Donc, dans l'entraînement sur la gestion du temps de réponse, votre prise de notes pour renseigner la grille doit s'effectuer pendant la durée du reportage.

L'autocorrection est réalisée par une nouvelle visualisation du document.

Afin de vous situer au plus près des conditions réelles du concours, la grille doit être remplie en un seul passage du reportage.

A défaut de disposer d'un magnétoscope, s'entraîner en groupe, et comparer les grilles d'analyse.

TITRE 3

LES MATHÉMATIQUES

CHAPITRE 1
LES QUATRE OPÉRATIONS

L'épreuve se déroule en 90 mn et est affectée d'un coefficient 3.

Toute note inférieure à 5 sur 20 est éliminatoire et empêche la participation aux épreuves d'admissibilité.

L'épreuve comprend deux problèmes de mathématiques s'inscrivant dans le programme détaillé au chapitre 2 du Titre 1.

Le programme comporte :

- Les quatre opérations : nombres entiers, nombres décimaux, fractions, mesures de longueur, surfaces, capacités, poids, densité, règles de trois, partages proportionnels.
- Les lignes droites, perpendiculaires, obliques et parallèles.
- Surfaces : triangles, quadrilatères, autres polygones, cercle, secteurs, segments, circonférence, arc.
- Volumes courants : parallélépipède, prisme, cylindre, cône.
- Nombres complexes : le temps, les unités de temps, conversions, vitesse moyenne.

Le matériel autorisé comporte : crayons, stylos, feutres, gomme, règle, double décimètre, rapporteur, compas et calculette non programmable.

1 LES QUATRE OPÉRATIONS

1.1 IL FAUT SAVOIR EXÉCUTER LES OPÉRATIONS DE BASE

ce qui implique de savoir calculer mentalement, donc connaître parfaitement les tables d'addition et de multiplication.

Tables de Pythagore : addition et multiplication

+	**0**	**1**	**2**	**3**	**4**	**5**	**6**	**7**	**8**	**9**	**10**
0	0	1	2	3	4	5	6	7	8	9	10
1	1	2	3	4	5	6	7	8	9	10	11
2	2	3	4	5	6	7	8	9	10	11	12
3	3	4	5	6	7	8	9	10	11	12	13
4	4	5	6	7	8	9	10	11	12	13	14
5	5	6	7	8	9	10	11	12	13	14	15
6	6	7	8	9	10	11	12	13	14	15	16
7	7	8	9	10	11	12	13	14	15	16	17
8	8	9	10	11	12	13	14	15	16	17	18
9	9	10	11	12	13	14	15	16	17	18	19
10	10	11	12	13	14	15	16	17	18	19	20

x	0	1	2	3	4	5	6	7	8	9	10
0	0	0	0	0	0	0	0	0	0	0	0
1	0	1	2	3	4	5	6	7	8	9	10
2	0	2	4	6	8	10	12	14	16	18	20
3	0	3	6	9	12	15	18	21	24	27	30
4	0	4	8	12	16	20	24	28	32	36	40
5	0	5	10	15	20	25	30	35	40	45	50
6	0	6	12	18	24	30	36	42	48	54	60
7	0	7	14	21	28	35	42	49	56	63	70
8	0	8	16	24	32	40	48	56	64	72	80
9	0	9	18	27	36	45	54	63	72	81	90
10	0	10	20	30	40	50	60	70	80	90	100

Diviser ou multiplier par 10, 100 ou 1 000 :

Pour multiplier un nombre par 10, 100 ou 1 000, il suffit de déplacer la virgule de 1, 2 ou 3 rangs vers la droite pour les nombres décimaux.

Pour les nombres entiers, il suffit d'ajouter 1, 2 ou 3 zéros à droite du nombre (on peut aussi considérer que tout nombre entier peut s'écrire avec une virgule après le dernier chiffre, laquelle est suivie de zéros - ex. : 4 peut s'écrire 4,00 ou 4,000 ; 2 557 est égal à 2 557,0 ou 2 557,00 etc.).

Pour diviser un nombre par 10, 100 ou 1 000, il suffit de déplacer la virgule de 1, 2 ou 3 rangs vers la gauche (le contraire de ci-dessus).

1.2 EXERCICES

(à faire sans l'aide d'une calculatrice)

• 45 x 258 =	957 + 12,751 =	159 x 0,23 =
490 : 35 =	682,5 + 17,94 =	0,25 x 40 =
753 - 14 =	2 851 - 599,6 =	726 - 72,9 =

Évidemment vous devez "poser" les opérations en hauteur : 45 x 258 est égal à 258 x 45 ; de cette façon l'opération est plus facile à compter.

Attention, essayez toujours de disposer les chiffres des unités les uns sous les autres. Le chiffre des unités est le dernier à droite ou le dernier à droite avant la virgule pour les nombres décimaux : 258 ; 682,5 ; 0,25 etc...

• 175,27 x 10 =	7 290 : 10 =
3 567 x 100 =	815,9 : 100 =
49,275 x 1 000 =	4 627,519 : 10 =

1.3 CORRECTIONS

```
   258          957              159
x   45       + 12,751          x 0,23
------       --------          ------
  1290        969,751            477
 1032                           318
------                         ------
 11610                          36,57

490 | 35       682,50            0,25
140 |----    + 17,94           x   40
 00 | 14     --------          ------
              700,44            10,00
```

753	2 851	726
- 14	- 599,6	- 72,9
739	2 251,4	653,1

- 175,27 x 10 = 1 752,7 — 7 290 : 10 = 729

  3 567 x 100 = 356 700 — 815,9 : 100 = 8,159

  49,275 x 1 000 = 49 275 — 4 627,519 : 10 = 462,7519

2 DÉFINITIONS

2.1 FORMULES À SAVOIR PAR CŒUR

Aire du :

- carré : côté x côté
- rectangle : longueur x largeur (L = A : l l = A : L)
- triangle : (base x hauteur) : 2
- cercle : rayon x rayon x 3,14
- trapèze : $\frac{\text{(grande base + petite base)}}{2}$ x hauteur

Périmètre (P) du :

- carré : côté x 4 côté = P : 4
- rectangle : (longueur + largeur) x 2 (L = $\frac{P}{2}$ - l) (l = $\frac{P}{2}$ -L)
- cercle : diamètre x 3,14 (diamètre = rayon x 2)
- triangle : somme des trois côtés
- trapèze : somme des quatre côtés

Volume du :

- cube : arête x arête x arête
- parallélépipède : longueur x largeur x hauteur
- prisme : surface de base x hauteur

(Pour le parallélépipède et le prisme, la hauteur est parfois la profondeur)

Masse volumique : masse de l'unité de volume :

- 1 cm^3 de matière a une masse de ..... g
- 1 dm^3 de matière a une masse de ..... kg
- 1 m^3 de matière a une masse de ..... tonnes

(concordance des unités à respecter)

2.2 TABLEAU À CONNAÎTRE

Mesure des longueurs :

	km kilomètre .	hm hectomètre .	dam décamètre .	m mètre .	dm décimètre .	cm centimètre .	mm millimètre .

Mesure des masses :

t tonne .	q quintal .	kg kilo-gramme .	hg hectogramme .	dag décagramme .	g gramme .	dg décigramme .	cg centigramme .	mg milligramme .

Mesure des aires :

km^2 ..	hm^2 hectomètre-carré .. ha hectare .	dam^2 décamètre-carré .. a are ..	m^2 mètre-carré ca centiare ..	dam^2 décimètre-carré ..	cm^2 centimètre-carré ..	mm^2 millimètre-carré ..

Mesure des volumes : / **Mesure des capacités :**

Volumes	m^3 mètre-cube ...	dm^3 décimètre-cube .	.	.	cm^3 centimètre-cube .	.	.	mm^3 millimètre-cube ...
Capacités		hl hectolitre	dal décalitre .	l litre .	dl décilitre .	cl centilitre .	ml millilitre .	

(Remarque : 1 m^3 de bois c'est un stère de bois)

1 litre = 1 décimètre-cube

1 hectolitre = 100 litres = 100 décimètres-cubes

1 mètre-cube = 1 stère

1 litre d'eau a une masse de 1 kilogramme

Remarque : dans les tableaux, un point représente l'emplacement d'un chiffre.

2.3 NOMBRES COMPLEXES

Ils servent à mesurer des durées (le temps). Il faut compter les heures, les minutes et les secondes séparément. Si pour les minutes et les secondes, le résultat est supérieur à 60, il faut, bien sûr, convertir dans l'unité supérieure, c'est-à-dire en heures et minutes.

Exemples :

1 h 50 mn 18 s	**2 69 65**	1 h → 60 mn
+ 2 h 20 mn 58 s	~~3~~ h ~~10~~ mn ~~5~~ s	60 mn + 10 mn = 70 mn
3 h 70 mn 76 s	- 2 h 15 mn 20 s	1 mn → 60 s
soit 4 h 11 mn 16 s	0 h 54 mn 45 s	il reste 69 mn

Savoir que :

- 1 jour = 24 heures
- 1 heure = 60 minutes
- 1 minute = 60 secondes (donc 1 heure = 60 x 60 = 3 600 s)

2.4 DÉFINITIONS

Carré

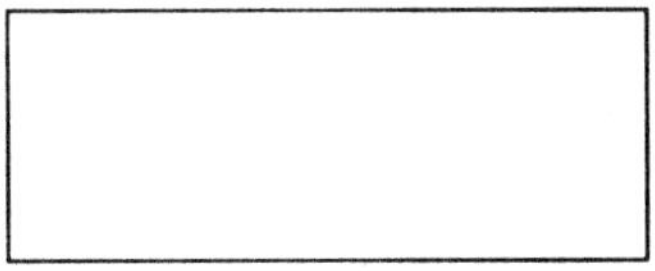

Rectangle

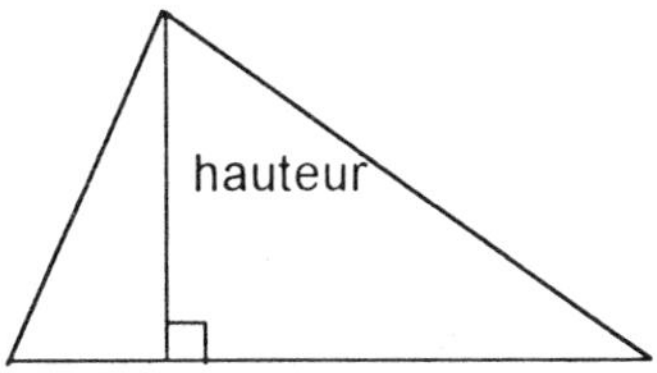

Triangle

Trapèze

Périmètre : la ligne qui limite les figures
Aire : la surface à l'intérieur du périmètre

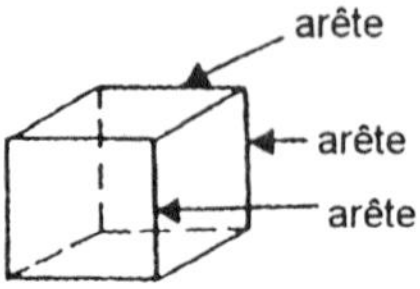

Cube

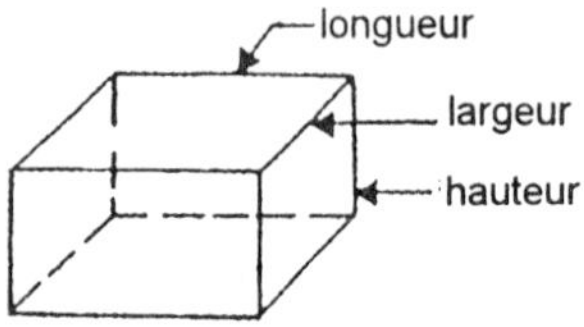

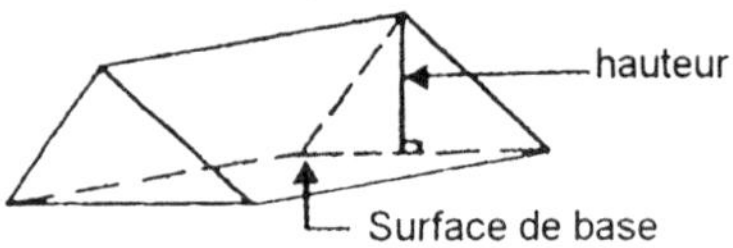

2.5 LES FRACTIONS

Une fraction a deux termes : le numérateur et le dénominateur.

Le dénominateur indique en combien de parties l'unité a été partagée, c'est le nombre du bas.

Le numérateur indique combien de ces parties on considère, c'est le nombre du haut.

Exemple : $\frac{1}{4}$ (un quart) ; 1 c'est le numérateur, 4 c'est le dénominateur.

L'unité a été divisée en quatre parties égales et je considère une de ces parties.

Pour prendre une fraction d'un nombre, il suffit de multiplier ce nombre par la fraction, pour cela on multiplie le nombre par le numérateur de la fraction et on divise le résultat obtenu par le dénominateur.

Exemple : 1 kg de beurre coûte 14 F,

$\frac{1}{4}$ kg de beurre coûte : $24 \times \frac{1}{4} = 6$ F.

EXERCICES

N° 1

Mon frère compte juste un quart de siècle, ma sœur un cinquième de siècle, ma mère un demi-siècle et mon grand-père, trois-quarts de siècle. Quel est l'âge de mon frère, de ma sœur, de ma mère, de mon grand-père ?

N° 2

Ranger les fractions suivantes par ordre de grandeur décroissante :

$$\frac{15}{100} \quad \frac{15}{17} \quad \frac{15}{49} \quad \frac{15}{50} \quad \frac{15}{10} \; ; \quad \frac{5}{8} \quad \frac{7}{8} \quad \frac{10}{8} \quad \frac{8}{8} \quad \frac{1}{8}$$

$$\frac{24}{42} \quad \frac{24}{21} \quad \frac{24}{564} \quad \frac{24}{62} \quad \frac{24}{15} \; ; \quad \frac{65}{25} \quad \frac{47}{25} \quad \frac{37}{25} \quad \frac{72}{25} \quad \frac{13}{25}$$

$$\frac{147}{125} \quad \frac{147}{1\,000} \quad \frac{147}{45} \quad \frac{147}{450} \quad \frac{147}{6} \; ; \quad \frac{4}{100} \quad \frac{27}{100} \quad \frac{56}{100} \quad \frac{14}{100} \quad \frac{634}{100}$$

N° 3

$\frac{2}{2}$ est égal à 1, $\frac{4}{4}$ = 1 etc. Si le numérateur d'une fraction est égal au dénominateur, la fraction est égale à 1.

Compléter à l'unité les fractions suivantes :

$\frac{5}{8}$ $\frac{8}{17}$ $\frac{45}{50}$ $\frac{3}{4}$ $\frac{95}{100}$

N° 4

Calculer :

$\frac{1}{2}$ de 36, $\frac{2}{3}$ de 18, $\frac{5}{7}$ de 63, $\frac{7}{10}$ de 340, $\frac{3}{8}$ de 72, $\frac{1}{3}$ de 549, $\frac{4}{5}$ de 625, $\frac{118}{200}$ de 4 600, $\frac{17}{100}$ de 7 542, $\frac{207}{360}$ de 129 600.

N° 5

Au cours d'une année, la Tour Eiffel a reçu 2 320 000 visiteurs. Le musée du Louvre en a reçu les $\frac{27}{58}$ et l'Arc de Triomphe les $\frac{21}{40}$ du nombre de visiteurs du Louvre.

Combien de personnes ont visité le Louvre, combien ont visité l'Arc de Triomphe ?

N° 6

Un commerçant a fait un bénéfice total de 8 736 francs, qui représente les $\frac{8}{25}$ du prix d'achat des marchandises qu'il vient de vendre. Calculer le prix d'achat et le prix de vente de ces marchandises.

N° 7

Une propriété a été vendue en deux lots. Le premier, qui comprenait les $\frac{5}{8}$ de la propriété a été adjugé à 41 724 francs à raison de 9 150 francs l'hectare. Le reste est vendu à raison de 120 francs le mètre-carré. Quelle est la surface totale de la propriété ? Quel est le prix de vente total ?

CORRECTIONS

N° 1

Âge de mon frère : 25 ans. 100 : 4 = 25.

Âge de ma sœur : 20 ans. 100 : 5 = 20

Âge de ma mère : 50 ans. 100 : 2 = 50.

Âge de mon grand-père : 75 ans. $100 \times \frac{3}{4} = 75$

N° 2

$\frac{15}{10}$ $\frac{15}{17}$ $\frac{15}{49}$ $\frac{15}{50}$ $\frac{15}{100}$; $\frac{10}{8}$ $\frac{8}{8}$ $\frac{7}{8}$ $\frac{5}{8}$ $\frac{1}{8}$

$\frac{24}{15}$ $\frac{24}{21}$ $\frac{24}{42}$ $\frac{24}{62}$ $\frac{24}{564}$; $\frac{72}{25}$ $\frac{65}{25}$ $\frac{47}{25}$ $\frac{37}{25}$ $\frac{13}{25}$

$\frac{147}{6}$ $\frac{147}{45}$ $\frac{147}{125}$ $\frac{147}{450}$ $\frac{147}{1\,000}$; $\frac{634}{100}$ $\frac{56}{100}$ $\frac{27}{100}$ $\frac{14}{100}$ $\frac{4}{100}$

(ordre croissant des dénominateurs) (ordre décroissant des numérateurs)

N° 3

$\frac{5}{8}+\frac{3}{8}=1$ $\frac{8}{17}+\frac{9}{17}=1$ $\frac{45}{50}+\frac{5}{50}=1$

$\frac{3}{4}+\frac{1}{4}=1$ $\frac{95}{100}+\frac{5}{100}=1$

N° 4

$36 \times \frac{1}{2}=18$ $18 \times \frac{2}{3}=12$ $63 \times \frac{5}{7}=45$ $340 \times \frac{7}{10}=238$

$72 \times \frac{3}{8}=27$ $549 \times \frac{1}{3}=183$

$625 \times \frac{4}{5}=500$ $4\,600 \times \frac{118}{200}=2\,714$

$7\,542 \times \frac{17}{100}=1\,282{,}14$ $129\,600 \times \frac{207}{360}=74\,520$

N° 5

Nombre de visiteurs du musée du Louvre : **1 080 000**

$$2\,320\,000 \times \frac{27}{58} = 1\,080\,000$$

Nombre de visiteurs de l'Arc de Triomphe : **567 000**

$$1\,080\,000 \times \frac{21}{40} = 567\,000$$

N° 6

Prix d'achat des marchandises : 27 300 F

PA	B
25	8
?	8 736

$$\frac{8\,736 \times 25}{8} = 27\,300$$

Prix de vente des marchandises : 36 036 F

27 300 + 8 736 = 36 036

N° 7

Surface de la 1ère parcelle : 4,56 ha

41 724 : 9 150 = 4,56

Surface totale de la propriété : 7,296 ha

Surface 1ère partie	Surface totale
5	8
4,56	?

$$\frac{8 \times 4,56}{5} = 7,296$$

Surface de la deuxième parcelle : 2,736 ha

7,296 - 4,56 = 2,736

Prix de vente de la deuxième parcelle : 3 283 200 F

2,736 ha = 27 360 m²
120 x 27 360 = 3 283 200

Prix de vente total : 3 324 924 F

3 283 200 + 41 724 = 3 324 924

2.6 OPÉRATIONS SUR LES FRACTIONS

Addition - Soustraction

Pour additionner ou soustraire des fractions, il faut qu'elles aient toutes le même dénominateur.

Pour réduire plusieurs fractions au même dénominateur, on multiplie chaque terme de l'une par le produit des dénominateurs des autres.

Exemple : $\frac{3}{4}$ $\frac{7}{5}$ $\frac{2}{9}$

$$\frac{3}{4}=\frac{3 \times 5 \times 9}{4 \times 5 \times 9}=\frac{135}{180} \qquad \frac{7}{5}=\frac{7 \times 4 \times 9}{5 \times 4 \times 9}=\frac{252}{180}$$

$$\frac{2}{9}=\frac{2 \times 4 \times 5}{9 \times 4 \times 5}=\frac{40}{180}$$

Remarque : en examinant les fractions, on trouve parfois un dénominateur commun plus simple que celui obtenu en faisant le produit des dénominateurs.

Exemple : $\frac{4}{5}$ $\frac{7}{20}$ ont pour dénominateur commun 20, car 20 = 4 x 5.

$$\frac{4}{5}=\frac{16}{20} \qquad \frac{7}{20}=\frac{7}{20}$$

Multiplication

Pour multiplier des fractions entre elles, on multiplie les numérateurs entre eux et les dénominateurs entre eux.

Exemple : $\frac{5}{7} \times \frac{7}{4} \times \frac{3}{8}=\frac{105}{224}$

EXERCICES

N° 1

Réduire au même dénominateur les fractions suivantes :

a) $\frac{1}{4}$ et $\frac{8}{9}$, b) $\frac{4}{5}$ et $\frac{7}{8}$, c) $\frac{35}{42}$ et $\frac{63}{49}$, d) $\frac{4}{9}$ et $\frac{89}{81}$

N° 2

Même exercice

a) $\frac{5}{25}$ $\frac{25}{4}$, b) $\frac{6}{42}$ $\frac{5}{30}$, c) $\frac{1}{5}$ $\frac{4}{18}$ $\frac{60}{120}$,

d) $\frac{1}{4}$ $\frac{3}{20}$ $\frac{2}{30}$ $\frac{7}{15}$, e) $\frac{1}{6}$ $\frac{5}{18}$ $\frac{7}{36}$

N° 3

Additionner les fractions suivantes :

a) $\frac{2}{3}+\frac{1}{4}$, b) $\frac{4}{5}+\frac{2}{9}$, c) $\frac{1}{8}+\frac{9}{4}+\frac{3}{5}+\frac{1}{7}$

d) $\frac{2}{3}+\frac{1}{4}+\frac{3}{5}$ e) $\frac{6}{5}+\frac{1}{9}+\frac{2}{7}$

N° 4

Effectuer les soustractions suivantes :

$\frac{4}{3}-\frac{3}{3}$, $\frac{6}{7}-\frac{4}{7}$, $\frac{3}{4}-\frac{1}{3}$, $\frac{15}{10}-\frac{531}{1\,000}$, $\frac{27}{30}-\frac{2}{15}$

N° 5

Effectuer les opérations indiquées :

$\frac{3}{4}\times\frac{5}{6}$, $\frac{6}{5}\times\frac{8}{9}$, $\frac{4}{3}\times\frac{12}{13}$, $\frac{5}{7}\times\frac{16}{17}$, $\frac{34}{11}\times\frac{39}{12}$

N° 6

Un champ rectangulaire de 420 mètres de long et d'une surface de 5,04 ha est ensemencé moitié en orge, un tiers en tournesol, le reste en prairies.

1. Quelle est la largeur du champ ?

2. Quelle est la surface respective de chaque parcelle ?

N° 7

Trois amis se partagent la somme qu'ils ont gagnée ensemble à un jeu. Le premier en reçoit le quart, le second, le tiers et le troisième le reste, soit 1 900 F.

Quelle est la part de chacun ?

Par quelle fraction peut-on représenter la part du dernier ?

CORRECTIONS

N° 1

1. Réduction au même dénominateur.

a) $\frac{1}{4}$ et $\frac{8}{9}$ dénominateur commun : 9 x 4

$\frac{1}{4} = \frac{1 \times 9}{4 \times 9}$ et $\frac{8}{9} = \frac{8 \times 4}{9 \times 4}$ donc $\frac{1}{4}$ et $\frac{8}{9}$ c'est $\frac{9}{36}$ et $\frac{32}{36}$

b) $\frac{4}{5}$ et $\frac{7}{8}$ dénominateur commun : 5 x 8

$\frac{4}{5}=\frac{4 \times 8}{5 \times 8}$ et $\frac{7}{8}=\frac{7 \times 5}{8 \times 5}$ donc $\frac{4}{5}$ et $\frac{7}{8}$ c'est $\frac{32}{40}$ et $\frac{35}{40}$

c) $\frac{35}{42}$ et $\frac{63}{49}$ ici, il faut d'abord simplifier les fractions

$\frac{35}{42}=\frac{7 \times 5}{7 \times 6}=\frac{5}{6}$ $\frac{63}{49}=\frac{9 \times 7}{7 \times 7}=\frac{9}{7}$

Il faut donc réduire au même dénominateur les fractions obtenues $\frac{5}{6}$ et $\frac{9}{7}$. Le dénominateur commun est 6 x 7

donc $\frac{5}{6}=\frac{5 \times 7}{6 \times 7}=\frac{35}{42}$ et $\frac{9}{7}=\frac{9 \times 6}{7 \times 6}=\frac{54}{42}$

d) $\frac{4}{9}$ et $\frac{89}{81}$ dénominateur commun : 81 (9 x 9)

$\frac{4}{9}=\frac{4 \times 9}{9 \times 9}=\frac{36}{81}$ on obtient les fractions suivantes : $\frac{36}{81}$ et $\frac{89}{81}$

N° 2

a) $\frac{5}{25}$ $\frac{25}{4}$ on peut simplifier la première fraction

$$\frac{5}{25} = \frac{5 \times 1}{5 \times 5} = \frac{1}{5}$$

On obtient donc les fractions $\frac{1}{5}$ et $\frac{25}{4}$ à réduire au même dénominateur.

Dénominateur commun : 4 x 5

$$\frac{1}{5} = \frac{1 \times 4}{5 \times 4} = \frac{4}{20} \text{ et } \frac{25}{4} = \frac{25 \times 5}{4 \times 5} = \frac{125}{20}$$

b) $\frac{6}{42} = \frac{6 \times 1}{6 \times 7} = \frac{1}{7}$ $\quad \frac{5}{30} = \frac{5 \times 1}{5 \times 6} = \frac{1}{6}$

Dénominateur commun : 6 x 7

$$\frac{1}{7} = \frac{1 \times 6}{7 \times 6} = \frac{6}{42} \qquad \frac{1}{6} = \frac{1 \times 7}{6 \times 7} = \frac{7}{42}$$

c) $\frac{1}{5}$ $\quad \frac{4}{18} = \frac{2 \times 2}{2 \times 9} = \frac{2}{9}$

$$\frac{60}{120} = \frac{6 \times 10}{12 \times 10} = \frac{6}{12} = \frac{1 \times 2 \times 3}{2 \times 2 \times 3} = \frac{1}{2}$$

Les trois fractions obtenues sont :

$\frac{1}{5}$ $\frac{2}{9}$ $\frac{1}{2}$ dénominateur commun : 2 x 5 x 9

$$\frac{1}{5}=\frac{1 \times 2 \times 9}{5 \times 2 \times 9}=\frac{18}{90} \qquad \frac{2}{9}=\frac{2 \times 5 \times 2}{9 \times 5 \times 2}=\frac{20}{90} \qquad \frac{1}{2}=\frac{1 \times 5 \times 9}{2 \times 5 \times 9}=\frac{45}{90}$$

d) $\frac{1}{4}$ $\frac{3}{20}$ $\qquad \frac{2}{30}=\frac{1 \times 2}{15 \times 2}=\frac{1}{15} \qquad \frac{7}{15}$

20 = 4 x 5, 15 = 3 x 5

Dénominateur commun : 3 x 4 x 5 (divisible à la fois par 4, 20 et 15)

$$\frac{1}{4}=\frac{1 \times 3 \times 5}{4 \times 3 \times 5}=\frac{15}{60} \qquad \frac{1}{15}=\frac{1 \times 4}{3 \times 5 \times 4}=\frac{4}{60}$$

$$\frac{3}{20}=\frac{3 \times 3}{4 \times 5 \times 3}=\frac{9}{60} \qquad \frac{7}{15}=\frac{7 \times 4}{3 \times 5 \times 4}=\frac{28}{60}$$

e) $\frac{1}{6}$ $\frac{5}{18}$ $\frac{7}{36}$ on remarque que 18 = 3 x 6, 36 = 6 x 6

Donc dénominateur commun : 36 qui est divisible à la fois par 6, 18 et lui-même.

$\frac{1}{6}=\frac{1 \times 6}{6 \times 6}=\frac{6}{36} \qquad \frac{5}{18}=\frac{5 \times 2}{18 \times 2}=\frac{10}{36} \qquad \frac{7}{36}$ ne change pas

N° 3

a) $\frac{2}{3}+\frac{1}{4}$ avant d'additionner les fractions, il faut les réduire au même dénominateur (ici 3 x 4)

$$\frac{2}{3}+\frac{1}{4}=\frac{2\times 4}{3\times 4}+\frac{1\times 3}{4\times 3}=\frac{8}{12}+\frac{3}{12}=\frac{11}{12}$$

b) $\frac{4}{5}+\frac{2}{9}$ dénominateur commun : 5 x 9

$$\frac{4}{5}+\frac{2}{9}=\frac{4\times 9}{5\times 9}+\frac{2\times 5}{9\times 5}=\frac{36}{45}+\frac{10}{45}=\frac{46}{45}$$

c) $\frac{1}{8}+\frac{9}{4}+\frac{3}{5}+\frac{1}{7}$ dénominateur commun : 8 x 5 x 7

(car 8 = 2 x 4 donc divisible par 4)

$$\frac{1}{8}+\frac{9}{4}+\frac{3}{5}+\frac{1}{7}=\frac{1\times 5\times 7}{8\times 5\times 7}+\frac{9\times 2\times 5\times 7}{2\times 4\times 5\times 7}+\frac{3\times 8\times 7}{5\times 8\times 7}+\frac{1\times 5\times 8}{7\times 8\times 5}$$

$$=\frac{35}{280}+\frac{630}{280}+\frac{168}{280}+\frac{40}{280}=\frac{873}{280}$$

d) $\frac{2}{3}+\frac{1}{4}+\frac{3}{5}$ dénominateur commun : 3 x 4 x 5

$$\frac{2}{3}+\frac{1}{4}+\frac{3}{5}=\frac{2\times 4\times 5}{3\times 4\times 5}+\frac{1\times 3\times 5}{4\times 3\times 5}+\frac{3\times 3\times 4}{5\times 3\times 4}=\frac{40}{60}+\frac{15}{60}+\frac{36}{60}=\frac{91}{60}$$

e) $\frac{6}{5}+\frac{1}{9}+\frac{2}{7}$ dénominateur commun : 5 x 7 x 9

$$\frac{6}{5}+\frac{1}{9}+\frac{2}{7}=\frac{6 \times 7 \times 9}{5 \times 7 \times 9}+\frac{1 \times 5 \times 7}{9 \times 5 \times 7}+\frac{2 \times 5 \times 9}{7 \times 5 \times 9}=\frac{378}{315}+\frac{35}{315}+\frac{90}{315}=\frac{503}{315}$$

N° 4

$\frac{4}{3}-\frac{3}{3}=\frac{1}{3}$ $\frac{6}{7}-\frac{4}{7}=\frac{2}{7}$

$\frac{3}{4}-\frac{1}{3}$ dénominateur commun : 3 x 4

$$\frac{3}{4}-\frac{1}{3}=\frac{3 \times 3}{4 \times 3}-\frac{1 \times 4}{3 \times 4}=\frac{9}{12}-\frac{4}{12}=\frac{5}{12}$$

$\frac{15}{10}-\frac{531}{1\ 000}$ dénominateur commun : 1 000

$$\frac{15}{10}-\frac{531}{1\ 000}=\frac{1500}{1\ 000}-\frac{531}{1\ 000}=\frac{969}{1\ 000}$$

$\frac{27}{30}-\frac{2}{15}$ dénominateur commun : 30 (2 x 15)

$$\frac{27}{30}-\frac{2}{15}=\frac{27}{30}-\frac{2 \times 2}{15 \times 2}=\frac{27}{30}-\frac{4}{30}=\frac{23}{30}$$

N° 5

$\frac{3}{4} \times \frac{5}{6} = \frac{15}{24}$ $\frac{6}{5} \times \frac{8}{9} = \frac{48}{45}$ $\frac{4}{3} \times \frac{12}{13} = \frac{48}{39}$ $\frac{5}{7} \times \frac{16}{17} = \frac{80}{119}$

$\frac{34}{11} \times \frac{39}{12} = \frac{1\ 326}{132}$

N° 6

Largeur du champ rectangulaire : 120 m

5,04 ha = 50 400 m²

50 400 : 420 = 120

Surface de la parcelle d'orge : 2,52 ha

5,04 : 2 = 2,52

Surface de la parcelle de tournesol : 1,68 ha

5,04 : 3 = 1,68

Fraction du champ ensemencé en orge et en tournesol : $\frac{5}{6}$

$$\frac{1}{2} + \frac{1}{3} = \frac{1 \times 3}{2 \times 3} + \frac{1 \times 2}{3 \times 2} = \frac{3}{6} + \frac{2}{6} = \frac{5}{6}$$

Il reste donc $\mathbf{\frac{1}{6}}$ du champ en prairie.

Surface du champ en prairie : 0,84 ha

$$5{,}04 \times \frac{1}{6} = 5{,}04 : 6 = 0{,}84$$

<u>Vérification</u> : 2,52 + 1,68 + 0,84 = 5,04

N° 7

Fraction de la somme gagnée par les deux premiers amis : $\frac{7}{12}$

$$\frac{1}{4}+\frac{1}{3}=\frac{1\times3}{3\times4}+\frac{1\times4}{4\times3}=\frac{3}{12}+\frac{4}{12}=\frac{7}{12}$$

Fraction de la somme gagnée par le troisième : $\frac{5}{12}$

$$1-\frac{7}{12}=\frac{12}{12}-\frac{7}{12}=\frac{5}{12}$$

Somme totale gagnée par les 3 amis : 4 560 F

Somme totale	Part du troisième
12	5
?	1 900

$$\frac{1900\times12}{5}=4\,560$$

Part du premier : 1 140 F

$$4560\times\frac{1}{4}=1\,140$$

Part du deuxième : 1 520 F

$$4560\times\frac{1}{3}=1\,520$$

3 EXERCICES COMPLÉMENTAIRES SUR LES QUATRE OPÉRATIONS

3.1 EXERCICES

1. Compléter le tableau ci-dessous :

	x 10	x 100	x 1 000	: 10	: 100	: 1 000	x 0
727,4							
69							
1 241,2							
580							
0,14							

2. Soient les nombres :

a = 574,2 ; b = 39 ; c = 27,51 ; A = 7,256 ; B = 49,75 ; C = 25

Compléter :

a + b =	A + B + C =
a - b =	A + C –
a + b + c =	B - C =
a - b + c =	B - A + C =
a x b =	A x C =
(a x b) + c =	B x C =
(a + b) x c =	C x A =
(a - b) x c =	(A + B) x C =
(a + c) x b =	(B - A) x C =
(a - c) x b =	A x B x C x 0 =

3. Compléter le tableau suivant représentant un relevé de compte bancaire :

	Banque DUVOL	Débit	Crédit	Solde
	Solde créditeur au 31.03.94			2 741,36
2.04	Chèque émis N° 4423625	795,25		....
2.04	Carte bancaire grand magasin	....		1 709,11
10.04	Retrait espèces DAB	500		....
11.04	Remboursement sécurité sociale		271,49	....
12.04	Prélèvement crédit auto	....		244,39
20.04	Virement salaire		6 027,41	....
	Nouveau solde créditeur au 30.04.94			6 271,80

4. Pour les fêtes de fin d'année, j'ai l'intention de commander différents vins à une coopérative vinicole. Mon budget est de 3 300 F. Je veux commander au moins 3 vins différents et du champagne avec un minimum de 6 bouteilles de chaque sorte. Compléter ma commande.

Désignation	**Prix unitaire**	**Quantité**	**Montant**
Bourgogne aligoté 94	25,00		
Sauternes 89	175,00		
Bordeaux Graves 89	127,00		
Gewurztraminer 88	94,00		
Champagne rosé 90	125,00		

Mon budget prévisionnel est-il suffisant ? Si oui, de combien est-il excédentaire ?

5. Durant les vacances, la famille Delarose prévoit de visiter l'Auvergne. Le parcours depuis Lille (et retour) sera d'environ 2 750 km. Sachant que la consommation moyenne de sa voiture est de 8 l aux 100 km et considérant qu'un litre d'essence coûte 6,21 F, quel sera le prix du carburant nécessaire aux vacances?

D'autre part, M. Delarose pense parcourir en moyenne 300 km par jour. A chaque étape il faudra trouver un hôtel et prendre deux chambres, 4 petits déjeuners et 4 dîners. Une chambre d'hôtel coûte en moyenne 170 F par personne, le petit déjeuner 21 F et le dîner 54 F. Quel budget "hôtel-repas" doit prévoir la famille Delarose ?

6. Dominique achète 3 livres et 5 disques pour une somme de 815 F. Sachant qu'un disque coûte 27 F de plus qu'un livre, quel est le prix de chaque article ?

7. Pascal reçoit les $\frac{5}{8}$ de l'héritage laissé par ses parents. Claudine en reçoit le $\frac{1}{4}$, le reste étant partagé également entre deux neveux qui reçoivent chacun 3 800 F. Quelle somme recevront Pascal et Claudine ? A combien s'élevait l'héritage total ?

3.2 CORRECTIONS

1. Compléter le tableau ci-dessous :

	x 10	x 100	x 1 000	: 10	: 100	: 1 000	x 0
727,4	7 274	72 740	727 400	72,74	7,274	0,7274	0
69	690	6 900	69 000	6,9	0,69	0,069	0
1241,2	12 412	124 120	1 241 200	124,12	12,412	1,2412	0
580	5 800	58 000	580 000	58	5,8	0,58	0
0,14	1,4	14	140	0,014	0,0014	0,00014	0

2. Soient les nombres :
a = 574,2, b = 39, c = 27,51, A = 7,256, B = 49,75, C = 25
Compléter :

a + b = 613,2	A + B + C = 82,006
a - b = 535,2	A + C = 32,256
a + b + c = 640,71	B - C = 24,75
a - b + c = 562,71	B - A + C = 67,494
a x b = 22 393,8	A x C = 181,4
(a x b) + c = 22 421,31	B x C = 1 243,75
(a + b) x c = 16 869,132	C x A = 181,4
(a - b) x c = 14 723,352	(A + B) x C = 1 425,15
(a + c) x b = 23 466,69	(B - A) x C = 1 062,35
(a - c) x b = 21 320,91	A x B x C x 0 = 0

3. Compléter le tableau suivant représentant un relevé de compte bancaire :

	Banque DUVOL	Débit	Crédit	Solde
	Solde créditeur au 31.03.94			2 741,36
2.04	Chèque émis N° 4423625	795,25		**1 946,11**
2.04	Carte bancaire grand magasin	**237**		1 709,11
10.04	Retrait espèces DAB	500		**1 209,11**
11.04	Remboursement sécurité sociale		271,49	**1 480,60**
12.04	Prélèvement crédit auto	**1 236,21**		244,39
20.04	Virement salaire		6 027,41	**6 271,80**
	Nouveau solde créditeur au 30.04.94			6 271,80

4. Pour les fêtes de fin d'année, j'ai l'intention de commander différents vins à une coopérative vinicole. Mon budget est de 3 300 F. Je veux commander au moins 3 vins différents et du Champagne avec un minimum de 6 bouteilles de chaque sorte. Compléter ma commande.

Désignation	Prix unitaire	Quantité	Montant
Bourgogne aligoté 94	25,00	*6*	*150*
Sauternes 89	175,00	*6*	*1 050*
Bordeaux Graves 89	127,00	*6*	*762*
Gewurztraminer 88	94,00	*6*	*564*
Champagne rosé 90	125,00	*6*	*750*
		Total	*3 276*

Il me reste : 3 300 - 3 276 = 24 F

5. Prix du carburant nécessaire aux vacances : 2 134,70 F :

6,21 x (2 750 : 8) = 2 134,6875.

En parcourant 300 km par jour, les vacances dureront 10 jours : 2 750 : 300 = 9,166 (il est impossible de fractionner 1 jour, il faut arrondir au nombre supérieur, soit 10 jours).

Il y aura donc 9 nuits à l'hôtel.

Dépense pour l'hôtel : 6 120 F

170 F x 9 x 4 = 6 120

Dépense pour les petits déjeuners et les dîners : 2 700 F

(21 x 9 x 4) + (54 x 9 x 4) = 756 + 1 944 = 2 700

Budget hôtel-repas à prévoir : 8 820 F

6 120 + 2 700 = 8 820

6. Un disque coûte 27 F de plus qu'un livre. Si j'appelle x le prix en francs d'un livre, un disque coûte x + 27. Dominique a payé 815 F pour 3 livres et 5 disques.

$3x + 5(x + 27) = 815$

$3x + 5x + 135 = 815$

$3x + 5x = 815 - 135$

$8x = 680$

$x = 85$

Le prix d'un livre est 85 F, celui d'un disque 112 F (85 + 27).

7. L'héritage total représente $\frac{8}{8}$

La partie distribuée représente $\frac{5}{8} + \frac{1}{4} = \frac{5}{8} + \frac{2}{8} = \frac{7}{8}$,

La partie disponible est donc $\frac{8}{8} - \frac{7}{8}$, soit $\frac{1}{8}$ partagé entre les 2 neveux qui reçoivent <u>chacun</u> 3 800 F. $\frac{1}{8}$ de l'héritage représente 2 x 3 800 F = 7 600 F.

L'héritage total était de 7 600 F x 8 = 60 800

Pascal reçoit 38 000 F

$60\,800 \times \frac{5}{8} = 38\,000$

Claudine reçoit 15 200 F

$60\,800 \times \frac{1}{4} = 15\,200$

Vérification total : 38 000 + 15 200 + 3 800 + 3 800 = 60 800

CHAPITRE 2
LES PROPORTIONS
ET LES POURCENTAGES

1 PROPORTIONS

1.1 DÉFINITIONS

On dit que deux grandeurs sont proportionnelles quand on passe de l'une à l'autre en appliquant toujours le même coefficient (soit toujours la même multiplication, soit toujours la même division), qui s'appelle coefficient de proportionnalité.

ex. :

Quantités (livres)	1	2	3	4	5	6	10
Prix	15	30	45	60	75	90	150

(x 15)

15 est le coefficient de proportionnalité.

1.2 EXERCICES D'APPLICATION

1. L'abonnement à un quotidien de province peut se souscrire de ces façons :

3 mois	6 mois	1 an
319 F	614 F	1 185 F

Prix de vente au numéro : 4,60 F (pas de parution le dimanche).

- Calculer dans chaque cas le prix de revient annuel du quotidien.
- Est-il plus avantageux de s'abonner sur 3 mois, 6 mois ou 1 an ?
- Le prix de l'abonnement est-il proportionnel au nombre de mois ?

2. Y-a-t-il proportionnalité dans les situations décrites ci-après ? Justifier la réponse.

- 5 kg de pommes coûtent 37,50 F

  Le prix des pommes est proportionnel à la quantité achetée VRAI FAUX

- Il faut 1 kg de peinture pour couvrir 6 m² de murs.

  La masse de peinture nécessaire est proportionnelle à la surface à couvrir . VRAI FAUX

- Pierre court le 100 m en 15 s. Il court le 200 m en 35 s.

  La longueur de la course et le temps nécessaire sont des grandeurs proportionnelles. VRAI FAUX

3. Une voiture roule à la vitesse moyenne de 78 km/h. Compléter les tableaux ci-dessous :

h	1	2	3	4	5	6	7	8	10	15
km	78									

mn	60	10	15	20	30	45	50	12	1
km	78								

Trouver sans faire de calcul compliqué la distance parcourue en 2 h 10 mn, en 7 h 30 mn, en 1 h 45 mn.

Quel temps faut-il à ce véhicule pour parcourir 416 km ?

4. 10 litres d'huile pèsent 9 kg. Combien pèsent 5 litres d'huile ? 20 litres ? 25 litres ?

5. Il faut 2 mn pour remplir un seau de 10 litres. Quelle quantité d'eau obtient-on en 30 secondes ? En 10 mn ? En 1 heure ?

6. Pour effectuer un certain travail 8 ouvriers travaillant 9 heures par jour ont besoin de 15 jours.

Deux ouvriers tombent malades. Combien de temps durera le travail ?

Il faut que ce travail soit effectué en 10 jours maximum. Combien d'ouvriers faut-il en supplément ?

7. Pour réaliser une crème caramel pour 6 personnes, il faut 1 litre de lait, 120 g de sucre, 8 œufs. Pour 12 personnes, on a besoin de .... lait, ... sucre, ... œufs.

Pour 24 personnes ? Pour 120 personnes ? Pour 3 personnes ?

1.3 CORRECTIONS

1. Prix de revient annuel du quotidien acheté au numéro : 1 435,20 F

$4,60 \times \underbrace{52 \times 6}_{} = 1\,435,20$

52 semaines de 6 jours

Prix de revient annuel du quotidien acheté avec un abonnement de 3 mois (donc 4 abonnements) : 1 276 F

319 x 4 = 1 276

Prix de revient annuel du quotidien acheté avec un abonnement de 6 mois (soit 2 abonnements) : 1 228 F

614 x 2 = 1 228

Prix de revient annuel de ce quotidien en s'abonnant pour une durée de 1 an : 1 185 F

Il est plus avantageux de s'abonner sur 1 an.

Le prix de l'abonnement est-il proportionnel au nombre de mois ? Dans ce cas, quelle que soit la durée de l'abonnement, le montant de la dépense mensuelle devrait être la même. Calculons le prix de revient mensuel dans chaque cas :

abonnement de 3 mois	319 F	dépense mensuelle	106,33
abonnement de 6 mois	614 F	dépense mensuelle	102,33
abonnement de 1 an	1 185 F	dépense mensuelle	98,75

Les dépenses étant toutes différentes, le prix de l'abonnement n'est pas proportionnel au nombre de mois de l'abonnement.

2. 5 kg de pommes coûtent 37,50 F VRAI

   1 kg de peinture couvre 6 m² VRAI

   La course de Pierre FAUX

3.

h	1	2	3	4	5	6	7	8	10	15
km	78	156	234	312	390	468	546	624	780	1 170

(x 78)

mn	60	10	15	20	30	45	50	12	1
km	78	13	19,5	26	39	58,5	65	15,6	1,3

x 1,3

Distance parcourue en 2 h 10 mn : 169 km (dans les tableaux ci-dessus, chercher la case 2 h et la case 10 mn, ce qui donne l'opération suivante :)

156 + 13 = 169

Distance parcourue en 7 h 30 mn : 585 km (chercher la case 7 h et celle 30 mn)

546 + 39 = 585

Distance parcourue en 1 h 45 mn : 136,5 km (même démarche)

78 + 58,5 = 136,5

Temps nécessaire pour parcourir 416 km : 5 h 20 mn.

416 = 390 (qui correspond à 5 h) + 26 (qui correspond à 20 mn), donc il faut 5 h 20 mn.

4.

l	10	5	20	25
kg	9	4,5	18	22,5

x 0,9

5.

temps en mn	2	30 s ou 0,5 mn	10 mn	1 h ou 60 mn
quantité d'eau en l	10	2,5	50	300

x 5

6. Le temps nécessaire pour exécuter le travail est de 1 080 h :

8	x	9	x	15	= 1 080
ouvriers		heures		jours	

Deux ouvriers tombent malades, le même travail de 1 080 heures se fera alors avec 6 ouvriers qui travailleront toujours 9 h par jour. Le travail durera alors : 20 jours

1 080 : (6 x 9) = 20

Si l'on veut effectuer ce travail en 10 jours à raison de 9 heures par jour par ouvrier, il faut prévoir 12 ouvriers

1 080 : (9 x 10) = 12

7. La crème caramel

	lait	sucre	œufs
6 personnes	1 l	120 g	8
12 personnes	2 l	240 g	16
24 personnes	4 l	480 g	32
120 personnes	20 l	2 400 g	160
3 personnes	0,5 l	60 g	4

1.4 PROBLÈMES

N° 1

Un automobiliste effectue un voyage. Au départ, il consulte le tableau de bord de sa voiture et note les renseignements suivants :

- niveau d'essence : 48 litres,
- heure à la montre : 18 h 45 mn,
- compteur kilométrique : 34 625 km.

A l'arrivé, les renseignements sont les suivants, dans le même ordre : 34 litres, 21 h 40 mn, 34 800 km.

1. Calculer la distance parcourue, la durée du parcours, la vitesse horaire moyenne de l'automobiliste.

2. Quelle est la consommation moyenne d'essence aux 100 km ?

3. Quelle est la dépense engagée pour ce voyage, le prix de l'essence étant fixé à 4,65 francs ?

N° 2

A. Écrire convenablement les nombres suivants puis les écrire en lettres :

463756805 - 37008056 - 9020751 - 21800 - 100200 - 17475680.

B. Écrire en chiffres :

- cinq millions six cent quarante et un mille huit cent dix-neuf,
- cent huit mille six cent neuf,
- un million deux mille huit cents,
- deux cent mille sept,
- quarante mille,
- cent vingt unités deux dixièmes,
- dix mille deux cents unités et trois centièmes,
- mille sept cents unités et cent vingt-cinq millièmes,
- trois millions cinq cent mille,
- un million mille un.

C. Effectuer les opérations suivantes :

- 908 275 + 1 745 + 9 + 107,75 + 10,359 =
- 47 625 - 19 407 =
- 295 627 - 195,97 =
- 746 x 2,75 =
- 195,09 x 905 =
- 914,39 x 85,67 =

- 47 957 : 29 =
- 1 247,25 : 31 =
- 97 469,46 : 25,9 =

N° 3

Dans un bloc parallélépipédique de 1,20 m de long, 0,80 m de large et 60 cm de haut, on creuse un bassin de 1 m de long, 60 cm de large et 40 cm de profondeur.

Calculer :

1. le volume du bloc,
2. la capacité du bassin en hectolitres,
3. la masse de l'auge (masse volumique de la pierre : 2,6 kg/dm^3),
4. la hauteur d'eau quand l'auge contient 120 litres.

1.5 CORRECTIONS

N° 1

1. Distance parcourue par l'automobiliste : 175 km

34 800 - 34 625 = 175

Durée du parcours : 2 h 55 mn

21 h 40 mn - 18 h 45 mn = 2 h 55 mn

Vitesse horaire moyenne : 60 km/h

2 h 55 mn = 120 mn + 55 mn = 175 mn

$$\frac{175 \times 60}{175} = 60$$

2. Consommation d'essence pour le voyage : 14 litres

48 - 34 = 14

Consommation moyenne d'essence aux 100 km : 8 litres.

$$\frac{14 \times 100}{175} = 8$$

3. Montant de la dépense engagée : 65,10 F

4,65 x 14 = 65,10

N° 2

A. 463 756 805 : quatre cent soixante trois millions sept cent cinquante six mille huit cent cinq.

37 008 056 : trente sept millions huit mille cinquante-six

9 020 751 : neuf millions vingt mille sept cent cinquante-et-un

21 800 : vingt et un mille huit cents

100 200 : cent mille deux cents

17 475 680 : dix sept millions quatre cent soixante quinze mille six cent quatre-vingts.

B. 5 641 819 - 108 609 - 1 002 800 - 200 007 - 40 000.

120,2 - 10 200,03 - 1 700,125 - 3 500 000 - 1 001 001.

C.

```
    908 275
+     1 745
+         9
+    107,75
+    10,359
-----------
910 147,109
```

```
   47 625
-  19 407
---------
   28 218
```

```
 295 627
-    195,97
-----------
 295 431,03
```

```
      746
x    2,75
---------
     3730
    5222.
   1492.
---------
 2 051,50
```

```
   195,09
x  905
---------
    97545
 175581..
---------
176 556,45
```

```
   914,39
x   85,67
---------
   640073
  548634.
 457195.
731512.
---------
78 335,7913
```

```
47957 | 29
189   |--------
 155  | 1653,6
  107 |
   200|
    26|
```

```
1247,25| 31
  0072 |--------
   105 | 40,233
    120|
     27|
```

```
   x10        x 10
974694,6  | 25,9
1976      |--------
 1639     | 3 763,29
  0854    |
   0776   |
    2580  |
     249  |
```

N° 3

1. Volume initial du bloc : 576 dm^3

60 cm = 0,60 m

1,20 x 0,8 x 0,6 = 0,576   0,576 m^3 = 576 dm^3

Volume du bassin : 0,24 m^3 ou 240 dm^3

1 x 0,6 x 0,4 = 0,24

Volume du bloc : 336 dm^3

576 - 240 = 336

2. Capacité du bassin : 240 dm^3 (voir calcul ci-dessus)

240 dm^3 = 240 l = 2,40 hl

3. Volume de l'auge : 336 dm^3 (voir calcul ci-dessus)

Masse de l'auge : 873,6 kg

2,6 x 336 = 873,6

4. Surface du bassin : 60 dm^2

100 x 60 = 6 000   6 000 cm^2 = 60 dm^2

Hauteur d'eau quand l'auge contient 120 litres : 20 cm

120 l = 120 dm^3

120 : 60 = 2   2 dm = 20 cm

QUELQUES CONSEILS

N° 1

Pour effectuer une soustraction avec des nombres complexes, il faut toujours que le nombre du "dessus" soit plus grand que le nombre du "dessous", qui lui est retranché car il ne peut y avoir de retenues entre les heures et les minutes puisque là, le système décimal n'est pas utilisé, une heure étant égale à 60 minutes (et non à 10 !)

Donc 21 h 40 mn
\- 18 h 45 mn

Il faut enlever une heure aux 21 heures, il reste 20 heures, transformer cette heure en minutes et ajouter les 60 minutes obtenues aux 40 mn déjà écrites (60 + 40 = 100).

Maintenant seulement l'opération est possible

20 h 100 mn
\- 18 h 45 mn
2 h 55 mn

La vitesse moyenne est la distance parcourue en une heure. Il est donc possible de faire un tableau à quatre cases :

Distance parcourue	Temps
175 (km)	175 (mn)
? (km)	60 (mn)

$$\text{Vitesse} = \frac{175 \times 60}{175}$$

Même démarche pour la consommation d'essence aux 100 km.

Quantité d'essence utilisée	Distance parcourue
14 (litres)	175 (km)
? (litres)	100 (km)

Consommation moyenne : $\frac{14 \times 100}{175} = 8$

N° 2

Un, deux, trois, quatre, cinq, six, sept, huit, neuf, dix, onze, douze, treize, quatorze, quinze, seize, dix-sept, dix-huit, dix-neuf.

Vingt, trente, quarante, cinquante, soixante, soixante-dix, quatre-vingts mais quatre-vingt-un, quatre-vingt-deux, quatre-vingt-trois etc, quatre-vingt-dix.

Cent, deux cents mais deux cent un, deux cent deux etc, trois cents, mille ne prend jamais de "s".

Million : c'est un nom et prend donc un "s" au pluriel.

Milliard : s'accorde comme million.

Opérations : additions et soustractions. Disposer les chiffres correspondants les uns sous les autres, les virgules sous les virgules.

Multiplication : autant de chiffres derrière la virgule au résultat qu'il y a de chiffres derrière au multiplicateur (nombre du bas de la multiplication) et au multiplicande (nombre du haut de la multiplication).

N° 3

Volume du parallélépipède : Longueur x largeur x hauteur, exprimées avec la même unité.

L x l = surface de base donc :

$$\text{hauteur} = \frac{\text{volume}}{\text{surface de base}}$$

Masse volumique :

masse de l'unité de volume (ici 1 cm^3 pèse 2,6 g - 1 dm^3 pèse 2,6 kg)

2 LES POURCENTAGES

2.1 DÉFINITION

Les pourcentages sont une variante de la proportionnalité. Ici une des grandeurs a toujours pour valeur 100. Les pourcentages sont souvent utilisés quand on parle d'augmentation ou réduction. Le symbole des pourcentages est %.

Une baisse de 10 % sur un article de 50 F représente 5 F.

$$50 \times \frac{10}{100} = 5$$

Une remise est une somme que l'on paie en moins.

Exemple : lors des soldes, la plupart des magasins consentent des remises de 20, 30, voire 50 %. Cela signifie que vous ne paierez pour chaque article que 80, 70 ou 50 % de son prix initial.

Pour un article de 100 F, auquel s'applique une remise de 20 %, il reste 80 F à payer.

Exercices :

Prix initial en francs	Remise %	Remise montant	Net à payer en francs
180	10 %	18	180 - 18 = 162
750	25 %		
80	50 %		
1 260	30 %		
495	20 %		

Pour calculer le montant de la remise, faire un tableau à 4 cases.

Prix initial	Remise
100	10
180	

$\rightarrow \quad \frac{180 \times 10}{100} = 18$

Une taxe est une somme qu'il faut payer en plus.

Exemple : la TVA est de 20,6 %. Combien paie-t-on un article dont le prix hors taxes est de 300 francs ?

La TVA s'élève à $\frac{300 \times 20{,}6}{100} = 61{,}80$

Le prix toutes taxes d'un article de 300 F hors taxes s'élève à 361,80 F

300 + 61,80 = 361,80

Exercice :

Prix hors taxes	Taxe en %	Taxe en F	Prix total en %	Prix total en F
500	20,6			
2 750			105	
1 470		396,90		
90				108,54
10 500			107,2	

Corrigé :

Prix hors taxes	Taxe en %	Taxe en F	Prix total en %	Prix total en F
500	20,6	103	120,6	603
2 750	5	137,50	105	2 887,50
1 470	27	396,90	127	1 866,90
90	20,6	18,54	120,6	108,54
10 500	7,2	756	107,2	11 256

2.2 EXERCICES D'APPLICATION :

1. Lors d'un examen, 80 % des garçons ont été admis, cela représente 96 garçons. Au même examen, 15 % des filles ont été refusées, soit 12 filles.

Calculer le nombre de candidats, garçons et filles, qui se sont présentés à cet examen ?

2. Pierre a été malade et il a dépensé 220 F de consultation chez le médecin et 437 F de médicaments.

La sécurité sociale lui rembourse 70 % des frais médicaux et 65 % des frais pharmaceutiques. Sa mutuelle lui rembourse 90 % du reste. Quelle somme est à la charge de Pierre ?

3. Le budget d'une famille s'établit ainsi :

- 43 % pour la nourriture,
- 20 % pour le logement,
- 15 % pour les transports,
- 10 % pour le chauffage,
- 5 % pour les vêtements.

Que reste-t-il pour les loisirs ?

Calculer la dépense annuelle de cette famille, pour chaque domaine, si ses revenus mensuels sont de 10 200 francs.

4. M. et Mme Dubois achètent leur salle à manger à crédit. Ils doivent verser 10 % à la commande, 1/3 à la livraison et le solde en 12 mensualités égales auxquelles il faut ajouter le coût du crédit qui est de 15 %.

La valeur de la salle à manger est de 12 600 francs.

Quelle somme sera versée à la commande ? À la livraison ? Quel sera le montant d'une mensualité ? À combien revient le crédit ?

2.3 CORRECTIONS DES EXERCICES

1. 96 garçons représentent 80 % du nombre des candidats à l'examen. Faisons le tableau à 4 cases .

Reçus	Total
96	
80	100

Le nombre total de garçons inscrits à l'examen est de : 120

$$\frac{96 \times 100}{80} = 120$$

12 filles représentent 15 % de l'effectif féminin inscrit à l'examen. De même, faisons le tableau :

Refusées	Total
15	100
12	

Le nombre de filles s'étant présentées à l'examen est de : 80

$$\frac{12 \times 100}{15} = 80$$

2. La sécurité sociale rembourse 438,05 F

$$\left(220 \times \frac{70}{100}\right) + \left(437 \times \frac{65}{100}\right) = 154 + 284{,}05 = 438{,}05$$

Somme restant à la charge de Pierre avant le remboursement de la mutuelle :

(220 + 437) - 438,05 = 218,95

La mutuelle rembourse 90 % de la somme, soit :

$$218{,}95 \times \frac{90}{100} = 197{,}05$$

Somme finale à la charge de Pierre : 21,90 F

218,95 - 197,05 = 21,90

ou (220 + 437) - (438,05 + 197,05) = 21,90

3. Pourcentage restant pour les loisirs : 7 %

100 - (43 + 20 + 15 + 10 + 5) =7

Revenus annuels de la famille : 122 400 F

10 200 x 12 = 122 400

La nourriture représente 43 % du budget, soit 52 632 F

$$122\,400 \times \frac{43}{100} = 52\,632$$

Le logement représente 20 %, soit 24 480 F

$$122\,400 \times \frac{20}{100} = 24\,480$$

Les transports représentent 18 360 F

$$122\,400 \times \frac{15}{100} = 18\,360$$

Le chauffage représente 12 240 F

$$122\,400 \times \frac{10}{100} = 12\,240$$

Le budget vêtements représente 6 120 F

$$122\,400 \times \frac{5}{100} = 6\,120$$

Pour les loisirs, il reste 8 568 F

$$122\,400 \times \frac{7}{100} = 8\,568$$

ou 122 400 - (52 632 + 24 480 + 18 360 + 12 240 + 6 120) = 8 568

4. Somme à verser à la commande : 1 260 F

$$12\,600 \times \frac{10}{100} = 1\,260$$

Somme à verser à la livraison : 4 200 F

$$12\,600 \times \frac{1}{3} = 4\,200$$

Somme restant due : 7 140 F

$$12\,600 - (1\,260 + 4\,200) = 7\,140$$

Montant des intérêts réclamés : 1 071 F

$$7\,140 \times \frac{15}{100} = 1\,071$$

Somme totale à payer : 8 211 F

$$7\,140 + 1\,071 = 8\,211$$

Montant d'une mensualité : 684,25 F

$$8\,211 : 12 = 684{,}25$$

Coût total du crédit : 1 071 F. C'est égal au montant des intérêts réclamés.

2.4 PROBLÈMES

Premier problème

Un particulier achète une maison au prix de 312 000 francs. Il paie 11 % de frais divers et il effectue des travaux pour une somme de 95 000 francs.

À combien revient cette maison ?

Quelques années plus tard, cette personne désire revendre sa maison en faisant un bénéfice de 25 % sur le prix de revient.

Quel sera le prix de vente de la maison ?

Deuxième problème

Un marchand de chaussures souhaite écouler une partie de son stock. Il décide donc de solder sa marchandise :

- avec un rabais de 35 %, 35 paires de bottes vendues 190 F la paire,
- avec un rabais de 40 %, 25 paires de chaussures vendues 90 F la paire.

Quelle somme totale perd ainsi le marchand de chaussures ?

Opérations

695 : 6,52 = (3 décimales)

467 + 5 763,789 + 1 000 654 =

246 701,67 - 678,05678 =

46,764 x 1,740 =

2 h 54 mn 6 s + 4 h 25 mn 55 s =

3 h 12 mn 34 s - 2 h 50 mn 40 s =

2.5 CORRECTIONS

Premier problème

Montant des frais : 34 320 F

$$\frac{312\,000 \times 11}{100} = 34\,320$$

Prix de revient de la maison : **441 320 F**

312 000 + 34 320 + 95 000 = 441 320

Bénéfice souhaité :

$$\frac{441\,320 \times 25}{100} = 110\,330$$

Prix de vente de la maison : 551 650 F

441 320 + 110 330 = 551 650

Deuxième problème

190 F la paire de bottes représentent 65 % du prix de vente initial (puisque le rabais est de 35 %).

P.V. solde	P. initial
65	100
190	

Prix de vente initial des bottes : 292,30 F

$$\frac{190 \times 100}{65} = 292{,}30$$

Perte sur une paire de bottes : 102,30 F

292,30 - 190 = 102,30

Perte sur 35 paires de bottes : 3 580,50 F

102,30 x 35 = 3 580,50

90 F la paire de chaussures représentent **60** % du prix de vente initial (puisque le rabais est de 40 %).

P.V. solde	P. initial
60	100
90	

Prix de vente initial d'une paire de chaussures : **150 F**

$$\frac{90 \times 100}{60} = 150$$

Perte sur une paire de chaussures : 60 F

150 - 90 = 60

Perte sur 25 paires de chaussures : 1 500 F

60 x 25 = 1 500

Perte totale : 5 080,50 F

3 580,50 + 1 500 = 5 080,50

Opérations

695**00**	6,52
04300	106,595
3880	
6200	
3320	
060	

	467
+	5 763,789
+	1 000 654
	1 006 884,789

	246 701,67
-	678,05678
	246 023,61322

	46,764
x	1,740
	187056
	327348
	46764
	81,36936

71 mn 94 s	2 h 54 mn 6 s
2 h ~~72~~ mn ~~34~~ s	+ 4 h 25 mn 55 s
~~3~~ h 12 mn 34 s	~~6~~ h ~~79~~ mn ~~61~~ s
- 2 h 50 mn 40 s	**7 h 20 mn 1 s**
0 h 21 mn 54 s	

2.6 *QUELQUES CONSEILS*

Premier problème

Pour calculer un pourcentage, il suffit de faire le "produit en croix" avec les 4 cases a, b, c et d. Le résultat cherché est toujours égal au produit des nombres contenus dans les 2 cases opposées et remplies entièrement divisé par le nombre de la case opposée au résultat cherché.

Exemples :

a ?	b
c	d

$$a = \frac{b \times c}{d}$$

a	b ?
c	d

$$b = \frac{a \times d}{c}$$

a	b
c ?	d

$$c = \frac{a \times d}{b}$$

a	b
c	d ?

$$d = \frac{b \times c}{a}$$

Ici, 11 % de frais, cela signifie que sur une somme de 100 F, le particulier paiera 11 F supplémentaires donc :

Somme totale		Frais	
100 F	**a**	**b**	11 F
312 000 F	**c**	**d**	?

(Bien indiquer la nature des nombres écrits dans les colonnes, ici, somme totale et frais).

Appliquons la formule N° 4 :

$$d = \frac{b \times c}{a} = \frac{312\,000 \times 11}{100} = 34\,320$$

Il faudra établir un nouveau tableau pour calculer le prix de vente de la maison (prix de vente = prix de revient + bénéfice).

Prix de revient	Bénéfice
100 F	25 F
441 320 F	?

Bénéfice espéré :

$$\frac{441\,320 \times 25}{100} = 110\,330$$

Prix de vente :
441 320 + 110 330 = 551 650

Deuxième problème

Il faut aussi établir des tableaux à 4 cases.

CHAPITRE 3
SURFACES ET VOLUMES

1 SURFACES

1.1 PROBLÈMES

N° 1

Une salle de bain mesure 2,50 mètres sur 2,30 mètres, la porte est large de 80 centimètres.

On fait le carrelage du sol avec des carreaux de 10 x 20 (en centimètres), valant, pose comprise, 165 francs le mètre-carré.

Les murs sont carrelés sur une hauteur de 120 centimètres avec des carreaux de faïence de mêmes dimensions que ceux qui revêtent le sol et dont certains sont décorés.

On pose sur les murs le double de carreaux décorés que de carreaux non décorés. Les premiers reviennent à 149,60 F le m^2 pose comprise, les autres à 137,91 F le m^2.

Quel est le montant total de la dépense engagée ?

N° 2

Une piscine a 50 mètres de long et 12 mètres de large.

1. Calculer sa superficie et son périmètre

2. Dans le sens de la longueur, d'une extrémité à l'autre, le fond s'abaisse régulièrement. On a ainsi 1 mètre d'eau à une extrémité et 4 mètres à l'autre. Combien de mètres-cubes d'eau la piscine contient-elle ?

1.2 CORRECTIONS

N° 1

Surface de la salle de bain : 5,75 m²

2,5 x 2,3 = 5,75

Dépense pour le sol de la salle de bain : 948,75 F

165 x 5,75 = 948,75

Surface des murs qui sera carrelée : 10,56 m²

(2,50 + 2,30 + 2,50 + 2,30 - 0,80) x 1,20 = 10,56

Surface carrelée avec des carreaux non décorés : 3,52 m²

10,56 : 3 = 3,52

Dépense pour ces carreaux : 485,44 F

137,91 x 3,52 = 485,44

Surface carrelée avec les carreaux décorés : 7,04 m²

3,52 x 2 = 7,04

Dépense pour ces carreaux : 1 053,18 F

149,60 x 7,04 = 1 053,18

Dépense totale engagée : 2 487,37 F

948,75 + 485,44 + 1 053,18 = 2 487,37

N° 2

1. Superficie de la piscine : 600 m²

50 x 12 = 600

Périmètre de la piscine : 124 m

(50 + 12) x 2 = 124

2. La piscine a la forme d'un prisme dont les dimensions sont :

- grande base : 4 m
- petite base : 1 m
- hauteur : 50 m
- épaisseur : 12 m

Volume d'eau dans la piscine : 1 500 m^3

$$\left[\frac{(4+1)}{2} \times 50\right] \times 12 = 1500$$

1.3 QUELQUES CONSEILS

N° 1

Faire un croquis :

- le sol, c'est un rectangle ;
- les murs sur une hauteur de 1,20 m (tenir compte de la porte).

Bien réfléchir : on pose le double de carreaux décorés que de carreaux non décorés, donc sur 3 carreaux, 2 sont décorés et 1 ne l'est pas. Les carreaux décorés représentent les 2/3 du nombre total de carreaux, les autres (non décorés) représentent le 1/3.

N° 2

Faire un croquis de la piscine avec les dimensions indiquées.

La piscine a la forme d'un prisme dont le volume se calcule selon la formule surface de base x hauteur. Ici la surface de base est un trapèze (ABCD) dont les dimensions sont :

- BC : grande base : 4 m
- AD : petite base : 1 m
- AB : hauteur : 50 m (longueur de la piscine)

} pour le calcul de la surface de base

L'épaisseur (hauteur du prisme, pour le calcul du volume) mesure 12 m (la largeur de la piscine).

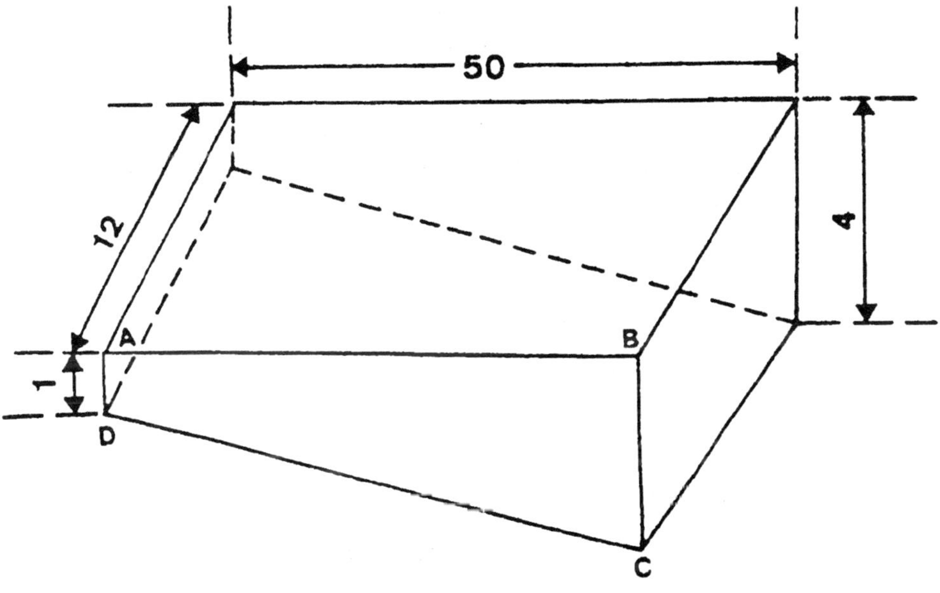
50
12
4
1
A
B
D
C

2 VOLUMES

2.1 PROBLÈMES

N° 1

Une chasse d'eau dont le joint est défectueux laisse fuir en moyenne 6 cm^3 par seconde. Quel volume d'eau est ainsi perdu chaque jour ? En un mois de 30 jours ? En un semestre ?

Le mètre-cube d'eau coûte 3,74 F (à ce prix s'ajoute la TVA au taux de 20,6 %). À combien s'élèvera la facture semestrielle d'eau provenant de cette fuite ? (arrêter les calculs aux centimes).

N° 2

Un cultivateur a planté en pommes de terre un champ de 2 hectares et demi. Le rendement moyen est de 180 kg à l'are.

1. Évaluer en quintaux la masse de la récolte.

Cette récolte est vendue en trois fois :

- un tiers à l'arrachage au prix de 250 F le quintal,
- un tiers au début de l'hiver au prix de 280 F le quintal,
- le reste au mois de mars au prix de 200 F le quintal, mais à ce moment, 10 % des pommes de terre sont abîmées et donc invendables.

Quelle somme totale le cultivateur a-t-il retirée de la récolte ? (1 hectare = 100 ares).

N° 3

Les bouteilles de gaz butane pèsent lorsqu'elles sont pleines 26,6 kg. Vides, elles ne pèsent que 11 kg.

1. Le litre de gaz butane libéré par ces bouteilles pèse 2,6 g. Combien de m^3 de gaz obtient-on avec une bouteille ?

2. Une bouteille qui est en service depuis quelque temps, pèse encore 21,4 kg. Quelle fraction du gaz de cette bouteille a déjà été utilisé ?

3. Une bouteille alimente du 3 mai au matin au 22 mai au soir une gazinière utilisée en moyenne 3 h 30 mn par jour pour préparer les repas. Quelle est la consommation horaire de cette gazinière ? Quel est le prix de revient de l'heure d'utilisation de la gazinière si la bouteille pleine coûte 78,75 F ?

2.2 CORRECTIONS

N° 1

Volume d'eau perdu par jour : 518 400 cm^3

6 x (60 x 60) x 24 = 518 400

Volume d'eau perdu en un mois de 30 jours : 15 552 dm^3

518 400 cm^3 = 518, 4 dm^3

518,4 x 30 = 15 552

Volume d'eau perdu en un semestre : 93 312 dm^3

15 552 x 6 = 93 312

93 312 dm^3 = 93,312 m^3

Prix de l'eau perdue en un semestre : 348,99 F

3,74 x 93,312 = 348,99

Montant de la TVA :

$$\frac{348{,}98 \times 20{,}6}{100} = 71{,}89$$

Montant de la facture semestrielle d'eau provenant de cette fuite : **420,87 F**

348,98 + 71,89 = 420,87

N° 2

1. Masse de la récolte de pommes de terre : **450** quintaux.

2,5 ha = 250 ares

180 x 250 = 45 000 45 000 kg = 450 quintaux

2. Masse des pommes de terre vendues à chaque fois : 150 q

450 : 3 = 150

Somme récoltée à l'arrachage : 37 500 F

250 x 150 = 37 500

Somme récoltée au début de l'hiver : **42 000 F**

280 x 150 = 42 000

Masse des pommes de terre vendues en mars : 135 q

$$150 - \frac{(150 \times 10)}{100} = 135$$

Somme récoltée en mars : 27 000 F

200 x 135 = 27 000

Somme totale provenant de la vente des pommes de terre : 106 500 F

37 500 + 42 000 + 27 000 = 106 500

N° 3

1. Masse de gaz contenu dans une bouteille : **15,6 kg**

26,6 - 11 = 15,6

Volume de gaz obtenu avec une bouteille : **6 m^3**

15,6 kg = 15 600 g

15 600 : 2,6 = 6 000 6 000 l = 6 000 dm^3 = 6 m^3

2. Masse de gaz utilisé : 5,2 kg

26,6 - 21,4 = 5,2

Fraction de gaz déjà utilisé : 1/3

$$\frac{5,2}{15,6} = \frac{52}{156} = \frac{1}{3}$$

3. Nombre de jours d'utilisation de la bouteille : 20 jours

du 3 mai au matin au 22 mai au soir, il y a 20 jours

Durée totale d'utilisation : 70 heures

3 h 30 mn x 20 = 70

Consommation horaire de la gazinière : 85,7 litres

6 000 : 70 = 85,7

Prix de revient de l'heure d'utilisation : 1,12 F

78,75 : 70 = 1,12

2.3 QUELQUES CONSEILS

N° 1

Les mesures de volume vont de 1 000 en 1 000 (1 m^3 = 1 000 dm^3 - 1 litre correspond à 1 décimètre-cube (1 l = 1 dm^3).

Faire toujours le tableau récapitulatif afin d'éviter toute confusion entre les mesures de volume (m^3, dm^3, cm^3, ...) et les mesures de capacité (l, dl, cl, ...).

- Un semestre c'est 6 mois.
- Un trimestre c'est 3 mois.
- Un bimestre c'est 2 mois.

La TVA ou taxe à la valeur ajoutée, s'ajoute toujours au prix hors taxes indiqué.

N° 2

Pour les mesures de surface, toujours se reporter au tableau.

Le tiers (1/3) s'obtient en faisant une division par 3.

Le quart (1/4) s'obtient en faisant une division par 4.

N° 3

Attention aux concordances d'unités entre mesures de volume et mesures de capacité.

Pour la troisième question, il vaut mieux établir un calendrier du 3 au 22 mai, afin d'éviter toute erreur.

3	4	5	6	7	8	9
10	11	12	13	14	15	16
17	18	19	20	21	22	

Le 3 et le 22 mai étant inclus dans la période d'utilisation, l'opération à faire est : 22 - 2 = 20 jours.

CHAPITRE 4
PROBLÈMES GÉNÉRAUX

1 PROBLÈMES GÉNÉRAUX

Premier problème

Un jardin a la forme d'un rectangle, la longueur est les 5/3 de la largeur et le périmètre mesure 112 mètres.

1. Calculer la longueur et la largeur du terrain rectangulaire.

Tout autour du terrain et à l'intérieur de celui-ci, le long du bord, on trace une allée de graviers de 2 m de largeur.

2. Calculer la surface cultivable de ce jardin.

La surface cultivable restante est la même que celle d'un terrain triangulaire dont la hauteur mesure 31 mm sur un plan à l'échelle 1/500.

Calculer la mesure réelle de la hauteur du terrain triangulaire et celle de la base.

Dcuxième problème

La distance Metz-Strasbourg est de 148 kilomètres.

1. Quel temps faut-il à un automobiliste pour parcourir cette distance à la vitesse de 60 km/h ?

2. À quelle heure cet automobiliste est-il parti de Metz sachant qu'il est arrivé à Strasbourg à 10 h 43 et qu'il s'est arrêté 20 mn en cours de route ?

3. Au retour il quitte Strasbourg à 21 h 09 et veut arriver à Metz à 23 heures.

Quelle devra être sa vitesse moyenne sachant qu'il ne s'arrête pas ?

Troisième problème

Madame Dupont vend une maison et elle place les 480 000 F provenant de la vente de la façon suivante :

- 160 000 F à 7,5 %,
- le reste à 9 %.

1. Calculer le revenu annuel des 480 000 F.

2. À quel taux unique aurait-il fallu placer la totalité des 480 000 F pour obtenir le même revenu annuel ?

Quatrième problème

1.

5 l 8 dl =	dl =	cl =	dm^3
7 cl 2 ml =	l =	cm^3 =	dm^3
2 hl 6 l =	l =	dm^3 =	m^3
1 hl 2 dal =	l =	dm^3 =	m^3
2 dal =	l =	m^3 =	cl

2. Le débit d'une fontaine publique est 30 litres à la minute. Quel est en hectolitres, son débit en une heure ? En une journée ?

3. Avec un litre de cognac, un cafetier remplit 20 petits verres. Quelle est la capacité d'un verre ?

2 CORRECTIONS

Premier problème

1. Demi-périmètre du jardin : 56 m

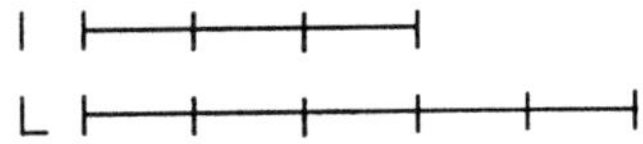

112 : 2 = 56

Longueur du jardin : 35 m

$56 \times \frac{5}{8} = 35$

Largeur du jardin : 21 m

$56 \times \frac{3}{8} = 21$

ou 56 - 35 = 21

2. Dimensions de la surface cultivable :

Longueur : 35 - (2 + 2) = 31 L = 31 m

Largeur : 21 - (2 + 2) = 17 l = 17 m

Surface cultivable 527 m²

31 x 17 = 527

3. Hauteur réelle du terrain triangulaire : 15,5 m

31 x 500 = 15 500 15 500 mm = 15,5 m

Mesure de la base de ce terrain : 68 m

$\frac{527 \times 2}{15,5} = 68 \qquad b = \frac{S \times 2}{h}$

Deuxième problème

1. Temps nécessaire à l'automobiliste

Distance	Temps
60	1 h = 60 mn
148	?

$\frac{148 \times 60}{60} = 148$ **148 mn = 2 h 28 mn**

2. Heure de départ de Metz : 7 h 55 mn

10 h 43 - (2 h 28 mn + 0 h 20 mn) = 7 h **55 mn**

9 h 103
~~10~~ h ~~43~~
\- 2 h 48

7 h 55

3. Durée du retour :

23 h - 21 h 09 = 1 h 51 mn

Vitesse moyenne à laquelle l'automobiliste doit rouler au retour : 80 km/h

Distance	Temps
148	1 h 51 mn 111 mn
	60 mn

$\frac{148 \times 60}{111} = 80$

Troisième problème

1. Montant annuel rapporté par les 160 000 F : 12 000 F

$160\,000 \times \frac{7,5}{100} = 12\,000$

Somme placée à 9 % : 320 000 F

480 000 - 160 000 = 320 000

Montant annuel rapporté par ces 320 000 F : 28 800 F

$$320\,000 \times \frac{9}{100} = 28\,800$$

Montant du revenu annuel des 480 000 F : **40 800 F**

12 000 + 28 800 = 40 800

2. Taux unique auquel il aurait fallu placer la totalité des 480 000 F pour obtenir le même revenu annuel : 8,5 %

Somme totale	Revenu annuel
480 000	40 800
100	?

produit en croix

$$\frac{40\,800 \times 100}{480\,000} = 8{,}5$$

Vérification : $\frac{480\,000 \times 8{,}5}{100} = 40\,800$

Quatrième problème

5 l 8 dl = 58	dl = 580	cl = 5,8	dm^3
7 cl 2 ml = 0,072	l = 72	cm^3 = 0,072	dm^3
2 hl 6 l = 206	l = 206	dm^3 = 0,206	m^3
1 hl 2 dal = 120	l = 120	dm^3 = 0,120	m^3
2 dal = 20	l = 0,020	m^3 = 2 000	cl

2. Débit de la fontaine en une heure : 18 hl

30 x 60 = 1 800   1 800 l = 18 hl

Débit de la fontaine en une journée : 432 hl

18 x 24 = 432

3. Capacité d'un petit verre : 5 cl

1 l = 100 cl

100 : 20 = 5

3 QUELQUES CONSEILS

Premier problème

1. Il est utile de faire un croquis représentant la longueur et la largeur du terrain.

La longueur est les 5/3 de la largeur

la largeur |—|—|—| 3 parties égales

la longueur |—|—|—|—|—| 5 de ces parties

donc demi-périmètre : (3 + 5) de ces parties.

La longueur représente $\frac{5}{8}$ du demi-périmètre.

La largeur représente $\frac{3}{8}$ du demi-périmètre.

2. Faire un dessin également pour les allées en indiquant les dimensions.

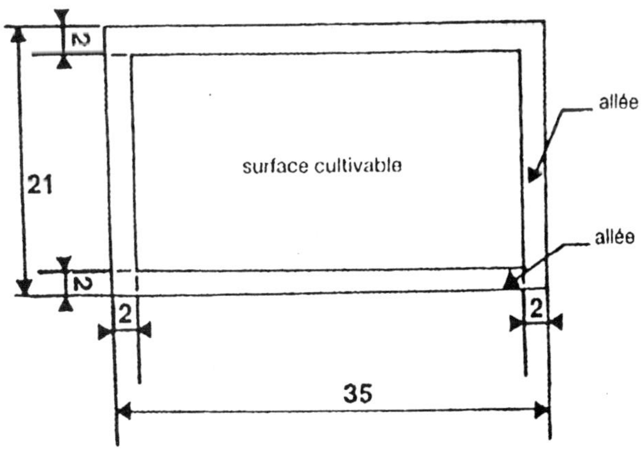

3. L'échelle d'un plan est un rapport établi entre les dimensions d'un objet sur le plan et les dimensions du même objet en réalité exprimées dans la même unité.

Échelle $\frac{1}{500}$, cela signifie que :

- 1 cm sur le plan représente 500 cm en réalité,
- 1 mm sur le plan représente 500 mm en réalité,
- 31 mm sur le plan représentent ?

Faire un tableau à 4 cases (comme les pourcentages).

Dimensions sur le plan	Dimensions réelles
1 mm	500 mm
31 mm	? mm

$$\frac{31 \times 500}{1} = 15\,500 \text{ mm}$$

$$15\,500 \text{ mm} = 15{,}5 \text{ m}$$

Pour calculer la hauteur du terrain, se rappeler la formule du calcul de l'aire du triangle

$$a = \frac{\text{base x hauteur}}{2}$$

$$527 = \frac{15{,}5 \text{ x hauteur}}{2}$$

$$\text{donc hauteur} = \frac{527 \times 2}{15{,}5} = 68$$

Deuxième problème

Pour les calculs de temps, distance parcourue, faire toujours un tableau à 4 cases.

Attention : mn et s ne peuvent dépasser 60.

Troisième problème

7,5 % signifie que 100 F placés pendant un an rapportent une somme de 7,50 F. Le taux de placement est la somme rapportée par 100 F placés pendant un an.

Quatrième problème

Se rapporter au tableau des mesures de volume et de capacité.

		m^3			dm^3			cm^3			mm^3
.	.	.	.	.	.	.	.	.	.	.	.
			hl	dal	l	dl	cl	ml			
			.	.	.	.	.	.			

Chaque point correspond à l'emplacement d'un chiffre et d'un seul.

CHAPITRE 5
EXERCICES COMPLÉMENTAIRES

Série 1

1. Dans un magasin de disques, on a établi un bilan après la vente de 1 000 disques de 5 chanteurs A, B, C, D et E.

- Chanteur A : 320 disques vendus
- Chanteur B : 160 disques vendus
- Chanteur C : 100 disques vendus
- Chanteur D : 240 disques vendus
- Chanteur E : ...... disques vendus

a. Combien y a-t-il eu de disques vendus pour le chanteur E ?

b. Établir un diagramme semi-circulaire correspondant à ces données.

2. Huit camarades se retrouvent pour fêter l'anniversaire de l'un d'eux au foyer du lycée.

Pierre paie la première tournée. Il doit 46 F pour 3 sodas et 5 limonades. Paul paie la deuxième tournée. Il doit 48 F pour 4 sodas et 4 limonades. Quel est le prix d'un soda ? D'une limonade ?

3. M. Dubois décide de louer une voiture. On lui propose deux possibilités :

- Première possibilité : payer 3,50 F par kilomètre parcouru.
- Deuxième possibilité : verser 400 F et payer 2,10 F par kilomètre.

a. S'il choisit la première possibilité, combien paiera M. Dubois pour parcourir x km ? Et s'il choisit la seconde possibilité ? Faire une représentation graphique de y (le prix à payer) en fonction de x (les km parcourus).

b. Pour aller de:

- Paris à Lyon : 450 km,
- Lyon à Grenoble : 100 km,
- Paris à Chaumont : 250 km.

Quelle possibilité choisira M. Dubois dans chaque cas ?

Quelle économie réalise-t-il en utilisant le tarif le plus avantageux pour parcourir Paris - Lyon ?

c. Le budget de M. Dubois est de 1 200 F. Quelles villes peut-il atteindre en partant de Paris ? Metz (330 km), Roubaix (220 km), Bordeaux (500 km).

Corrections série 1

1.

a. Le chanteur E a vendu 180 disques

1 000 - (320 + 160 + 100 + 240) = 180

b. Pour établir le diagramme semi-circulaire, il faut associer le nombre de disques à des degrés (ici 180°).

180° représente 1 000 disques

A combien de degrés sont associés 320, 160, 100, 240 et 180 disques ?

Faisons des tableaux à 4 cases :

Nb. de disques	Nb. de degrés
1 000	180
320	?

$$180 \times \frac{320}{1\,000} = 57{,}6° \text{ ou } 58°$$

Nb. de disques	Nb. de degrés
1 000	180
160	?

$$180 \times \frac{160}{1\,000} = 28{,}8° \text{ ou } 29°$$

Nb. de disques	Nb. de degrés
1 000	180
100	?

$$180 \times \frac{100}{1\,000} = 18°$$

Nb. de disques	Nb. de degrés
1 000	180
240	?

$$180 \times \frac{240}{1\,000} = 43{,}2° \text{ ou } 43°$$

Nb. de disques	Nb. de degrés
1 000	180
180	?

$$180 \times \frac{180}{1\,000} = 32{,}4° \text{ ou } 32°$$

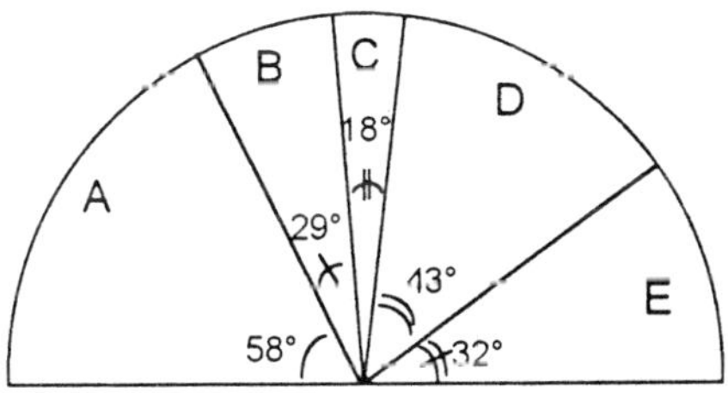

2. Appelons x le prix d'un soda et y celui d'une limonade.

Pierre a payé 46 F pour 3 sodas et 5 limonades.

46 = 3x + 5y

Paul a payé 48 F pour 4 sodas et 4 limonades

48 = 4x + 4y

J'obtiens un système d'équations à 2 inconnues.

$$\begin{cases} 3x + 5y = 46 & 1) \\ 4x + 4y = 48 & 2) \end{cases}$$

Je multiplie 1) par 4 et 2) par 3

$$\begin{cases} (4 \times 3x) + (4 \times 5y) = (4 \times 46) \\ (3 \times 4x) + (3 \times 4y) = (3 \times 48) \end{cases}$$

$$\begin{cases} 12x + 20y = 184 & 1) \\ 12x + 12y = 144 & 2) \end{cases}$$

Je soustrais 2) de 1)

$$(12x - 12x) + (20y - 12y) = (184 - 144)$$

$$8y = 40$$

$$y = \frac{40}{8}$$

$$\boxed{y = 5}$$

Je calcule x en remplaçant y par sa valeur dans une des deux équations du début [(dans 1) par exemple)].

$$3x + 5y = 46$$

$$3x + (5 \times 5) = 46$$

$$3x = 46 - 25 = 21$$

$$x = \frac{21}{3}$$

$$\boxed{x = 7}$$

Un soda coûte 7 F et une limonade 5 F.

3.

a. Si M. Dubois choisit la première possibilité, il devra payer

$y_1 = 3{,}50x$

S'il choisit la deuxième possibilité, il devra payer

$y_2 = 400 + 2{,}10x$

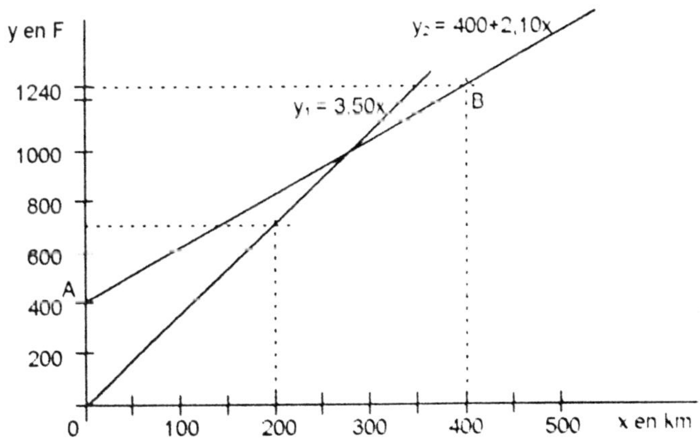

Pour tracer y_1. Je sais que cette droite passe par l'origine 0. Il faut choisir un autre point si x = 200, y = 3,50 x 200 = 700

Pour tracer y_2. Il faut 2 points, par exemple :

A pour x = 0 y = 400 + (2,10 x 0) y = 400

B pour x = 400 y = 400 + (2,10 x 400) y = 1 240

b. Paris - Lyon : 450 km

Première possibilité : y_1 = 3,50 x 450 y_1 = 1 575

Deuxième possibilité : y_2 = 400 + (2,10 x 450) y_2 = 1 345

M. Dubois choisira la deuxième possibilité.

Lyon - Grenoble : 100 km

y_1 = 3,50 x 100 y_1 = 350

y_2 = 400 + (2,10 x 100) y_2 = 610

M. Dubois choisira la première possibilité.

Paris - Chaumont : 250 km

y_1 = 3,50 x 250 y_1 = 875

y_2 = 400 + (2,10 x 250) y_2 = 925

M. Dubois choisira la première possibilité.

En utilisant le tarif le plus économique pour parcourir Paris - Lyon, M. Dubois fait une économie de 230 F

1 575 - 1 345 = 230

c. Avec 1 200 F, avec la première possibilité, M. Dubois peut parcourir 342 km

1 200 : 3,50 $\approx$ 342

Il pourra donc aller à Roubaix et à Metz.

Avec 1 200 F et la deuxième possibilité, il peut parcourir 380 km.

(1 200 - 400) : 2,10 = 380

Il pourra aller aussi à Roubaix et à Metz mais pas à Bordeaux.

Série 2

Opérations

N° 1

Effectuer :

345 786 + 32 674 + 7 079 + 432 879 + 147 + 99 =

N° 2

Compléter les opérations suivantes :

	.386		380		.362		.75.
+	45.	+	6.3	+	45.0	+	1.9
+	6.97	+	.85	+	80.	+	.03
	.16.2		1548		6.59		7675

N° 3

Effectuer les opérations suivantes :

135,67 x 40,742 =

6 789 : 96 =

N° 4

Le réservoir d'une automobile peut contenir 55 litres. Au départ, il est plein aux huit-dixièmes. La voiture a alors parcouru 275 kilomètres, le réservoir n'est plein qu'aux trois-dixièmes.

a. Quelle est la consommation de la voiture aux 100 km ?

b. Avec le réservoir plein, quelle distance pourrait parcourir la voiture ?

N° 5

Effectuer les opérations sur les fractions :

$\frac{2}{15}+\frac{3}{10}+\frac{7}{12}$ $\frac{30}{52}-\frac{4}{26}$ $\frac{56}{40}\times\frac{22}{33}$

$\frac{12}{35}\times\frac{7}{3}$ $\frac{4}{9}+\frac{7}{12}$

N° 6

Mesure du temps

2 h 45 mn 30 s	7 h 8 mn 25 s
+ 5 h 30 mn 45 s	- 2 h 40 mn 55 s

2 h 25 mn 40 s x 5 11 h 43 mn 28 s : 4

N° 7

Pour venir de Dakar, une personne a pris l'avion à Dakar le 1er janvier à 10 h 08. Escale à Casablanca de 17 h 14 à 18 h. Arrivée à Orly à 23 h 31.

a. Quelle est la durée de chaque étape ?

b. Quelle est la durée totale du voyage ?

c. Quelle a été la durée de l'escale ?

d. Quelle a été la durée du vol proprement dit ?

N° 8

Conversions

9 735 mm^3 =	dm^3 =	l	
22 540 cm^3 =	dm^3 =	l =	mm^3
1 628 m^3 =	l =	cl =	hl
56 742 dal =	dm^3 =	dl =	m^3
3 000 hl =	m^3 =	l =	dm^3

Corrections

N° 1

345 786 + 32 674 + 7 079 + 432 879 + 147 + 99 = 818 664

N° 2

4 386	380	1 362	6 753
+ 459	+ 683	+ 4 590	+ 119
+ 6 797	+ 485	+ 807	+ 803
11 642	1 548	6 759	7 675

N° 3

```
          135,67
x         40,742
          ------
           27134
          54268 .
         94969 . .
        54268 . . .
      ------------
      5 527,46714
```

```
6789  | 96
0690  |---------
  180 | 70,71875
   840|
    720
     480
      00
```

N° 4

a. Consommation d'essence de la voiture : $\frac{1}{2}$ (la moitié) du réservoir.

$$\frac{8}{10} - \frac{3}{10} = \frac{5}{10} = \frac{1}{2}$$

Consommation en litres : 27,5 l

$$55 \times \frac{1}{2} = 27{,}5$$

Consommation moyenne d'essence aux **100 km** : **10 l** aux 100 km.

Distance	Consommation
275 km	27,5 l
100 km	?

$$\frac{27{,}5 \times 100}{275} = 10$$

b. Distance parcourue avec le réservoir plein : **550 km**.

Distance	Consommation
100	10
?	55

$$\frac{55 \times 100}{10} = 550$$

N° 5

$$\frac{2}{15} + \frac{3}{10} + \frac{7}{12} \qquad 15 = 3 \times 5 \qquad 10 = 2 \times 5 \qquad 12 = 2 \times 2 \times 3$$

Dénominateur commun : 2 x 2 x 3 x 5 (= 60)

$$\frac{2}{15} + \frac{3}{10} + \frac{7}{12} = \frac{2 \times 2 \times 2}{2 \times 2 \times 3 \times 5} + \frac{3 \times 2 \times 3}{2 \times 2 \times 3 \times 5} + \frac{7 \times 5}{2 \times 2 \times 3 \times 5} =$$

$$\frac{8}{60} + \frac{18}{60} + \frac{35}{60} = \frac{61}{60}$$

* $\frac{30}{52} - \frac{4}{26}$ $\qquad \frac{30}{52} = \frac{2 \times 15}{2 \times 26} = \frac{15}{26}$ $\qquad$ donc $\frac{30}{52} - \frac{4}{26} = \frac{15}{26} - \frac{4}{26} = \frac{11}{26}$

* $\frac{56}{40} \times \frac{22}{33}$

$$\frac{56}{40} \overset{:2}{=} \frac{28}{20} \overset{:2}{=} \frac{14}{10} \overset{:2}{=} \frac{7}{5} \qquad \frac{22}{33} = \frac{2 \times 11}{3 \times 11} = \frac{2}{3}$$

$$\frac{56}{40} \times \frac{22}{33} = \frac{7}{5} \times \frac{2}{3} = \frac{14}{15}$$

* $\frac{12}{35} \times \frac{7}{3} = \frac{3 \times 4}{5 \times 7} \times \frac{7}{3} = \frac{3 \times 4 \times 7}{5 \times 7 \times 3} \overset{: 3 \text{ et } : 7}{=} \frac{4}{5}$

* $\frac{4}{9} + \frac{7}{12}$ $\qquad 9 = 3 \times 3 \qquad 12 = 3 \times 4$

Dénominateur commun : 3 x 3 x 4

$$\frac{4}{9} + \frac{7}{12} = \frac{4 \times 4}{3 \times 3 \times 4} + \frac{7 \times 3}{3 \times 3 \times 4} = \frac{16}{36} + \frac{21}{36} = \frac{37}{36}$$

N° 6

2 h 45 mn 30 s + 5 h 30 mn 45 s ~~7~~ h ~~76~~ mn ~~75~~ s 8 h 16 mn 15 s	67 mn 85 s 6 h ~~68~~ mn ~~7~~ h 8 mn ~~25~~ s - 2 h 40 mn 55 s 4 h 27 mn 30 s

2 h 25 mn 40 s x 5 = 10 h 125 mn 200 s = 12 h 8 mn 20 s

11 h 43 mn 28 s : 4 = 2 h 55 mn 52 s

11 h 43 mn 28 s	4
3 h	2 h 55 mn 52 s
x 60	
180 mn + 43 mn	→ Convertir les 3 h restant en mn
.223 mn	et continuer la division
.23	
3 mn	→ Convertir les 3 mn restant en s et
x 60	finir la division
180 s + 28 s	
208 s	
08	
0	

N° 7

a. Durée de la première étape Dakar - Casablanca : 7 h 6 mn

17 h 14 mn - 10 h 08 mn = 7 h 06 mn

Durée de la deuxième étape Casablanca - Orly : 5 h 31 mn

23 h 31 mn - 18 h = 5 h 31 mn

b. Durée totale du voyage : 13 h 23 mn

23 h 31 - 10 h 08 = 13 h 23 mn

c. Durée de l'escale à Casablanca : 46 mn

18 h - 17 h 14 mn = 46 mn

d. Durée du vol proprement dit : 12 h 37 mn

13 h 23 mn - 46 mn = 12 h 37 mn

ou 7 h 06 mn + 5 h 31 mn = 12 h 37 mn

N° 8

Conversions

9 735	mm^3 =	0,009735	dm^3 =	0,009735	l				
22 540	cm^3 =	22,540	dm^3 =	22,540	l =	22 540 000			mm^3
1 628	m^3 =	1 628 000	l =	162 800 000	cl =	16 280			hl
56 742	dal =	567 420	dm^3 =	5 674 200	dl =	567,420			m^3
3 000	hl =	300	m^3 =	300 000	l =	300 000			dm^3

Série 3

Problèmes

N° 1

Un disque 33 tours a un diamètre de 30 cm. Quelle est la longueur d'un "sillon" au début de ce disque ?

Le disque est gravé jusqu'à 6 cm du centre. Quelle est la longueur du dernier "sillon" ?

Le disque tourne à la vitesse de 33 tours à la minute et dure 25 mn. Quelle est la longueur moyenne d'un "sillon" ?

N° 2

Le gardien d'un immeuble veut repeindre les lignes du parking.

Quelles sont les dimensions d'une place ?

Quelle est la longueur totale des lignes à peindre ?

Ce gardien met 3 mn pour peindre 1 m de ligne. Quel temps lui sera nécessaire ?

En réalité, il a travaillé pendant 7 h 50 mn. Combien de temps lui a-t-il fallu pour peindre chaque numéro ?

(voir croquis page suivante)

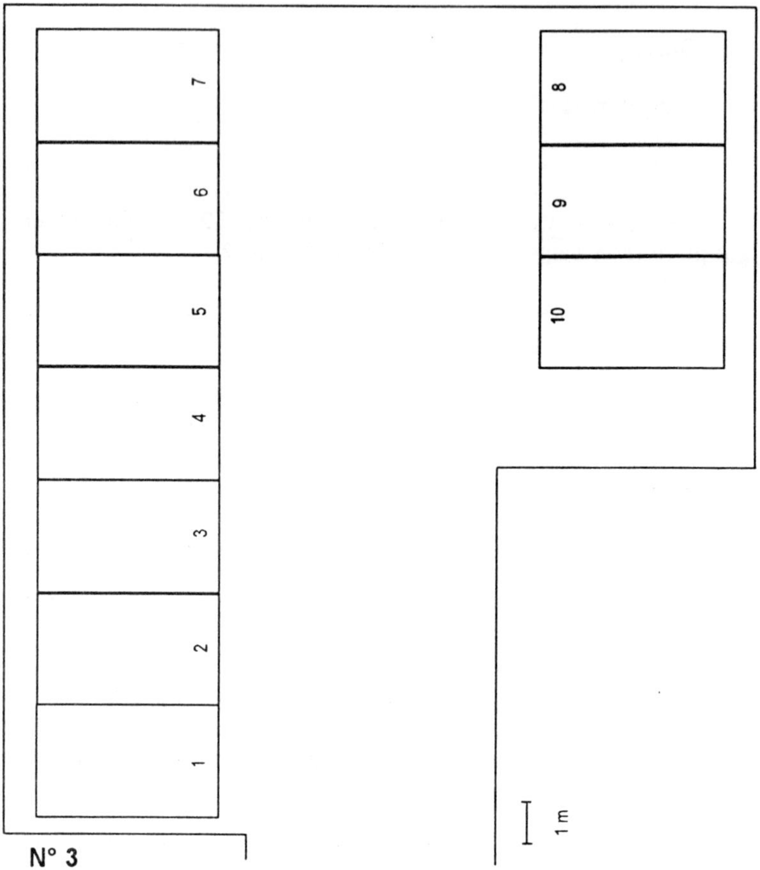

N° 3

Opération

12 345 670 + 456,56 + 342 650,0078 =

1 543 - 46,079 =

2,410 x 0,095 =

54,96 : 17,67 =

Corrections

N° 1

1. Longueur d'un "sillon" au début du disque : **94,20** cm

30 x 3,14 = 94,20

2. Longueur du dernier "sillon" : 37,68 cm

2 x 6 x 3,14 = 37,68

3. Longueur moyenne d'un "sillon" : 65,94 cm

(94,20 + 37,68) : 2 = 131,88 : 2 = 65,94

N° 2

Dimensions d'une place :

3 m sur 5 m

Longueur totale des lignes à peindre : 120 m

(3 x 20) + (5 x 12) = 120

Temps nécessaire pour peindre les 120 m : 6 h

3 x 120 = 360   360 mn = 6 h

Temps mis pour peindre les numéros : 1 h 50

7 h 50 mn - 6 h = 1 h 50 mn

Il y a en réalité 11 chiffres à peindre (de 1 à 9 = 9 chiffres et le 10 comportant 2 chiffres)

Temps nécessaire pour peindre 1 chiffre :

1 h 50 mn = 110 mn   110 : 11 = 10 mn

N° 3

```
   12 345 670
+         456,56
+     342 650,0078
------------------
   12 688 776,5678
```

```
   1 543
-     46,079
-------------
   1 496,921
```

```
    2,410
x   0,095
---------
     1205
    2169.
---------
 0,228950
```

```
x 100          x 100

54,96        | 17,67
01950        |------
  01830      | 3,11
    0063     |
```

Quelques conseils

N° 1

Une astuce dans cet exercice : il est inutile de savoir que le disque fonctionne pendant 25 mn à raison de 33 tours à la minute.

La longueur moyenne d'un "sillon" se calcule en ajoutant la longueur du plus grand et celle du plus petit et en divisant par 2.

"Sillon" est écrit entre guillemets car en fait, sur un disque il n'y a qu'un seul sillon... Si les sillons étaient concentriques, comment ferait le bras pour sauter d'un sillon à l'autre ?...

N° 2

Bien observer le croquis et compter.

Aucune difficulté.

Série 4

Problèmes

N° 1

Un couple achète pour y construire une maison, un terrain représenté sur le plan cadastral à l'échelle 1/2 500 par un rectangle de 10 mm sur 12,8 mm.

1. Quelles sont les dimensions réelles du terrain ? Quelle est sa surface ?

2. À 15 000 F l'are, quel est son prix ?

3. Les frais d'acquisition s'élèvent à 16 % de ce prix, quel est le prix de revient du terrain ?

N° 2

Le bijoutier utilise une mesure de masse à part : le carat qui représente 1/5 g ou 2 décigrammes et qui est utilisé pour préciser la masse des pierres précieuses.

1. Quelle est la masse en grammes d'un diamant pesant 25 carats ?

2. Quelle est la masse en carats d'une pierre précieuse pesant 0,9 grammes ?

3. Le "Régent", diamant qui a été acheté par Philippe d'Orléans et qui appartenait à la couronne de France, pèse 136 carats. Quel est le volume du diamant sachant qu'un décimètre-cube de diamant pèse 3,5 kilogrammes ? (on peut dire aussi qu'un centimètre-cube de diamant pèse 3,5 grammes)

N° 3

La cour d'une école doit être goudronnée. Combien de fûts de goudron seront nécessaires sachant qu'avec un fût, on recouvre 75 m² de terrain et que sur un plan à l'échelle 1/200 la cour est représentée par un rectangle de 30 centimètres sur 20 centimètres?

Attention : sur ce plan, 6 cercles de 2 cm de diamètre sont visibles. Ils indiquent des emplacements dans la cour où seront plantés des arbres. Bien évidemment ces emplacements ne seront pas goudronnés.

Corrections

N° 1

1. La longueur réelle du terrain : 32 mètres

12,8 x 2 500 = 32 000 32 000 mm = **32 m**

Largeur réelle du terrain : 25 mètres

10 x 2 500 = 25 000 25 000 mm = **25 m**

Surface du terrain : 800 m²

32 x 25 = 800

2. Prix du terrain : 120 000 F

800 m² = 8 ares

15 000 x 8 = 120 000

3. Montant des frais : 19 200 F

$$120\,000 \times \frac{16}{100} = 19\,200$$

Prix de revient du terrain : 139 200 F

120 000 + 19 200 = 139 200

N° 2

1. Masse d'un diamant pesant 25 carats : **5** grammes

25 x 0,2 = 5

2. Masse d'une pierre précieuse pesant 0,9 grammes : 4,5 carats

0,9 : 0,2 = 4,5

3. Masse du "Régent" : 27,2 grammes

136 x 0,2 = 27,2

Volume de ce diamant : 7,77 cm^3

27,2 : 3,5 = 7,77

N° 3

Longueur réelle de la cour : 60 m

30 x 200 = 6 000 6 000 cm = 60 m

Largeur réelle de la cour : 40 m

20 x 200 = 4 000 4 000 cm = 40 m

Superficie de la cour : 2 400 m^2

40 x 60 = 2 400

Diamètre réel d'un cercle : 4 m

2 x 200 = 400 400 cm = 4 m

Rayon d'un cercle : 2 m

4 : 2 = 2

Superficie d'un cercle : 12,56 m^2

2 x 2 x 3,14 = 12,56

Superficie des 6 cercles : 75,36 m²

12,56 x 6 = 75,36

Superficie à goudronner : 2 324,64 m²

2 400 - 75,36 = 2 324,64

Nombre de fûts de goudron nécessaires : 31 fûts (par excès)

2 324,64 : 75 = 31

Quelques conseils

N° 1

L'échelle d'un plan est un rapport entre les dimensions sur le plan et les dimensions réelles. Les mesures des dimensions doivent toujours être exprimées **avec la même unité.**

Ici : échelle 1/2 500, cela signifie que :

1 centimètre sur le plan représente 2 500 centimètres en réalité,

ou 1 millimètre sur le plan représente 2 500 mm en réalité.

Les mesures sur le plan sont (la plupart du temps) plus petites que les mesures réelles (ici 2 500 fois plus petites), donc les mesures en réalité sont plus grandes que les mesures sur le plan (ici 2 500 fois plus grandes).

Il est souvent utile de faire un croquis et d'y indiquer les renseignements connus.

La surface ou aire d'un rectangle se calcule selon la formule :

Longueur x largeur

ces deux dimensions étant exprimées dans la même unité (mètre ou centimètre...).

Les mesures de surface vont de 100 en 100 (1 dam^2 = 100 m^2).

Faire toujours un tableau qui évite les erreurs.

N° 2

Bien réfléchir et utiliser le tableau à 4 cases.

1. grammes Carats

grammes	Carats
0,2	1
?	25

$$\frac{25 \times 0{,}2}{1} = 5 \text{ (g)}$$

2. grammes Carats

grammes	Carats
0,2	1
0,9	?

$$\frac{0{,}9 \times 1}{0{,}2} = 4{,}5 \text{ (carats)}$$

3. grammes Carats

grammes	Carats
0,2	1
?	136

$$\frac{136 \times 0{,}2}{1} = 27{,}2 \text{ (g)}$$

cm^3	grammes
1	3,5
?	27,2

$$\frac{27{,}2 \times 1}{3{,}5} = 7{,}77 \text{ (cm}^3\text{)}$$

N° 3

Échelle 1/200 : cela signifie que le dessin est 200 fois plus petit que la réalité, donc :

dimensions réelles = dimensions du plan x 200

Cercle :	diamètre	=	rayon x 2
	rayon	=	diamètre : 2
	aire	=	rayon x rayon x 3,14
	périmètre	=	diamètre x 3,14

TITRE 4

ENTRETIEN AVEC LE JURY

CHAPITRE 1
PRÉSENTATION DE L'ÉPREUVE

Introduction

L'épreuve de conversation avec le jury, ne serait-ce qu'en raison de son coefficient élevé (6), inquiète bon nombre de candidats.

Les conseils qui vous sont donnés dans ce guide devront être lus avec un soin attentif et parfaitement assimilés.

L'entretien individuel, épreuve nouvellement créée au concours de sapeur-pompier professionnel, se déroule en principe sur 15 minutes dont 5 sont réservées au candidat pour se présenter au jury et développer sa motivation.

Les membres du jury pourront alors poser leurs questions au candidat, afin de tester les connaissances acquises par ce dernier à propos de la carrière qu'il souhaite embrasser.

Enfin si l'entretien se prolonge, diverses questions relatives : à sa personnalité, à sa culture générale, à ses loisirs ou à propos de l'actualité, lui seront posées.

1 LA COMPOSITION DU JURY

L'arrêté du 24 novembre 1994, modifié par l'arrêté du 26 janvier 1996 relatif au concours d'accès au cadre d'emplois des sapeurs-pompiers professionnels de 2ème classe, précise :

Article 4 : Le jury est nommé par arrêté du président de la commission administrative du service départemental d'incendie et de secours ouvrant le concours.

Il comprend les membres suivants :

- trois officiers de sapeurs-pompiers professionnels dont deux affectés dans un sevice d'incendie et de secours extérieur au département au titre duquel se déroule le concours.

  Le président du jury est désigné parmi ces deux derniers officiers qui sont nommés sur proposition du Chef d'Etat-major de zone de la sécurité civile territorialement compétent ou, à défaut par un chef d'Etat-major de zone désigné par le directeur de la sécurité civile ;

- un élu local ne faisant pas partie de la commission administrative du service départemental d'incendie et de secours;

- deux professeurs de l'enseignement secondaire dont un professeur d'éducation physique et sportive ;

- un représentant du centre national de la fonction publique territoriale ;

- deux sapeurs-pompiers professionnels non officiers, désignés par tirage au sort parmi les représentants du personnel à la commission administrative paritaire compétente.

En cas de partage égal des voix, la voix du président est prépondérante.

En fonction de la nature particulière des épreuves, des examinateurs spéciaux peuvent être nommés par arrêté du président de la commission administrative du service départemental d'incendie et de secours ouvrant le concours.

Le jury a pour tâche essentielle de :

- apprécier la personnalité du candidat,

- juger de ses qualités de réflexion,
- apprécier son niveau de connaissances générales,
- déterminer sa motivation professionnelle.

2 LES CARACTÉRISTIQUES DU MÉTIER DE SAPEUR-POMPIER

La fonction de sapeur-pompier professionnel requiert certaines qualités liées à la spécificité du métier, en effet :

- il intervient en tous lieux, de jour comme de nuit, et se trouve en contact permanent avec le public, donc on attend de lui (en même temps que du candidat interrogé), une bonne présentation, et le goût pour le port de l'uniforme ;
- il travaille dans une unité hiérarchisée : il doit alors posséder une bonne relation à l'autorité, et des capacités à exécuter les consignes ;
- il travaille en équipe : il faut donc qu'il soit sociable, et que ses relations avec les collègues soient bonnes en permanence ;
- les situations sont changeantes et parfois complexes ou inattendues : il doit par conséquent être polyvalent et posséder de bonnes capacités d'analyse et de compréhension ;
- les interventions peuvent être difficiles et présenter parfois un caractère dangereux, d'où l'absolue nécessité d'une stabilité émotionnelle empreinte de calme et de sang-froid ;
- les cycles horaires sont astreignants : il faut être endurant et posséder de bonnes capacités physiques ;
- les relations avec le public font appel aux capacités à communiquer, à une attitude de compréhension et de tolérance.

3 LE DÉROULEMENT DE L'ENTRETIEN

L'entretien avec le jury, épreuve obligatoire d'admission a pour point de départ un court exposé (5 minutes maximum) du candidat présentant les raisons pour lesquelles il fait acte de candidature . Elle est destinée à permettre au jury d'apprécier la personnalité du candidat, ses qualités de réflexion, ses connaissances générales et sa motivation .

3.1 PRÉSENTATION DU CANDIDAT

Dès le début de l'entretien le candidat (sauf si le président du jury en décide autrement), est invité à établir son autoportrait et à parler de ses réalisations scolaires et professionnelles :

- nom, prénom, date et lieu de naissance ;
- domicile ;
- activité du moment ;
- situation familiale ;
- situation militaire ;
- niveau d'études ;
- profession des parents, frères et soeurs, éventuellement celle du conjoint ;
- réalisations professionnelles du candidat.

3.2 LES MOTIVATIONS DU CANDIDAT ET SES INTÉRÊTS POUR LA FONCTION

Il s'agit là du thème principal de l'entretien ;

Il faudra alors parler :

- des démarches faites pour vous renseigner sur la fonction ;

- visite d'une caserne de sapeurs-pompiers ;

- questions posées à des parents ou amis sapeurs-pompiers sur la carrière ;

- émissions ou documentaires suivis à la télévision ;

- lectures de livres traitant de sujets sur la fonction de sapeur-pompier professionnel. À ce propos, nous recommandons l'excellent ouvrage, parfaitement documenté et illustré de nombreuses photos : LES POMPIERS, La vie des Sapeurs-pompiers professionnels, d'Arnaud BEINAT, aux Editions PIERRON ;

- de son attrait pour un travail sur le terrain (ce métier comporte peu de tâches administratives) ;

- de son goût pour le contact avec les autres (citez des exemples vécus dans les milieux scolaires ou professionnels) ;

- de la diversité des missions : travail différent tous les jours (voir Chapitre 2 : les activités du sapeur-pompier et le détail du quotidien du sapeur-pompier) ;

- de la possibilité d'évolution de carrière (voir les notions sur la hiérarchie dans le métier, Chapitre 2) ;

- de son goût pour le port de l'uniforme ;

- de son attrait pour la vie en collectivité (le sapeur-pompier travaille le plus souvent en groupe) ;

- de l'impression qu'il aura de se rendre utile aux autres ;

- enfin, de la sécurité de l'emploi, compte tenu de la situation difficile que traverse depuis quelques années notre pays dans ce domaine. Le thème de la sécurité de l'emploi est cependant à manier avec précaution.

3.3 LES APTITUDES PARTICULIÈRES

Les membres du jury pourront, au cours de l'entretien, rechercher chez les candidats les aptitudes particulières suivantes :

- leur sens de la relation à l'autorité et à la discipline en procédant à une exploration service militaire, école, sur des périodes-clés : emplois éventuels occupés précédemment ;
- leur honnêteté, leur probité (observation rigoureuse des devoirs de la justice et de la morale) ;
- leur moralité en les interrogeant sur leurs expériences passées ;
- leur énergie, et leur goût pour l'effort : en testant leur dynamisme ;
- leur circonspection : il s'agit là de s'assurer que l'on a affaire à des personnes prudentes n'agissant pas avec impulsivité et opérant avec un temps de réflexion avant l'action ;
- leur aptitude à la communication : au vu de leur présentation générale, la clarté de l'expression verbale et gestuelle ;
- leur apparence physique : attitude, postures, façon de s'habiller, de parler, hygiène, propreté (voir Chapitre 5) .

3.4 OUVERTURE INTELLECTUELLE, CENTRES D'INTÉRÊTS

Les candidats pourront également être jugés sur :

- leur ouverture intellectuelle et leur curiosité vis-à-vis du monde extérieur, et notamment sur la manière de s'adapter à la situation de communication, aux questions posées par le jury.

Le jury pourra évaluer la pertinence de leurs réponses, leur capacité à résoudre certains problèmes dans des situations concrètes ;

- leur ouverture à l'environnement : c'est-à-dire aux centres d'intérêt des candidats, à leur horizon culturel, à l'intérêt manifesté à l'information en général, ainsi qu'à l'actualité (voir Chapitre 3).

3.5 CONTRE-INDICATIONS POUVANT ÊTRE RELEVÉES PAR LES MEMBRES DU JURY

À l'issue de l'entretien, les membres du jury pourront retenir des contre-indications à l'exercice de la fonction . On peut citer parmi les plus graves :

- une confusion marquée ou des troubles graves dans les réponses du candidat ;
- une présentation, un vocabulaire et une attitude volontairement négligés ;
- un rejet affirmé de tout cadre hiérarchique ou de toute structure de vie collective (racisme, goût de la violence etc...) ;
- des troubles de la personnalité : comportements considérés comme "déviants" ou "antagonistes" vis-à-vis de la profession.

CHAPITRE 2
CONNAISSANCES DE LA PROFESSION

1 LES ACTIVITÉS DU SAPEUR-POMPIER

Les activités du sapeur-pompier sont multiples. Toutes sont importantes, car elles contribuent souvent à sauver des vies humaines, des biens menacés ...

1.1 ACTIVITÉS OPÉRATIONNELLES

Citons-en sans ordre d'importance :

- Interventions lors de catastrophes naturelles (séismes, inondations graves).
- Interventions lors d'attentats terroristes (explosions de bombes, voitures piégées etc...).
- Brancardage de blessés, réalisé au moyen d'une nacelle fixée sur la grande échelle.
- Interventions sur la voie publique (malaise, chute de piétons...).
- Recherche de cadavres dans les eaux (étangs, plans d'eau, fleuves, ... en toutes saisons).
- Intervention pour une ouverture de porte (personne âgée décédée, suicide...).
- Intervention pour maîtriser un forcené.
- Intervention lors d'une inondation d'appartement.

- Interventions lors d'explosions dues au gaz (chauffe-eau défectueux, salle de bains sans aération, chaudière mal entretenue...).
- Ouverture d'un ascenceur bloqué.
- Interventions (souvent de nuit et l'hiver) lors d'agressions de sans-logis.
- Neutralisation d'un essaim d'abeilles.
- Surveillance des salles de spectacle (activité instaurée par Napoléon).
- Interventions dans les fêtes foraines.
- Interventions diverses (oiseaux blessés, singe en liberté menaçant de mordre les passants, chiens enragés, vache égarée en ville, etc...).
- Evacuation d'asphyxiés par la grande échelle (étage élevé d'un immeuble).
- Les interventions lors d'accidents de la circulation concernent souvent les sapeurs-pompiers et font appel à l'utilisation de matériels spécialisés :
  - outils de désincarcération de véhicules ;
  - neutralisation de fuites de liquides dangereux ou de gaz toxiques ;
  - ambulance médicalisée pour augmenter les chances de survie des personnes gravement atteintes.
- Les interventions lors d'incendies (feux de poubelle, feux de broussailles, d'une maison d'habitation, d'une raffinerie, d'une usine), ne représentent en fait que 10 % de l'activité générale des pompiers.

Opérations réalisées par les sapeurs-pompiers lors d'un incendie :

- reconnaissance des endroits touchés par le sinistre ;
- évaluation des risques de propagation, voies d'accès, recherches de personnes en danger ;
- établissement de lances de différentes puissances selon la demande ;
- l'attaque du feu ;
- protection des biens ;
- le déblai ;
- la surveillance afin de contrer la moindre amorce de reprise.

1.2 EN DEHORS DES ACTIVITES IMPOSÉES PAR LES ÉVÉNEMENTS EXTÉRIEURS,

le sapeur-pompier effectue des tâches d'entretien, de prévention ou d'entraînement :

- entretien de la caserne (réparations sur les véhicules, peinture, électricité, menuiserie, etc...) ;
- tâches de prévention : contrôle des poteaux d'incendie;
- entraînement à la recherche des sources radioactives ;
- entraînement à la conduite tous terrains.

Au total la profession de sapeur-pompier fait appel à plus de cent métiers.

2 LE QUOTIDIEN DU SAPEUR-POMPIER

Voici une journée-type du sapeur-pompier, telle que décrite par Arnaud Beinat dans "*La vie des sapeurs-pompiers professionnels*" (Éditions Pierron).

7 h 45 : C'est le rassemblement .

Une équipe va prendre son service pendant que la précédente part en repos.

Chaque pompier prend possession de ses fonctions.

Le véhicule qui est appelé à sortir le plus souvent : l'ambulance numéro 1, a son équipage désigné à l'avance.

Les autres personnels sont inscrits sur l'effectif de plusieurs véhicules : ainsi un sapeur-pompier peut être appelé à partir aussi bien avec un fourgon pompe, un camion citerne incendie, un fourgon de secours routier ou un camion grue, suivant la nature de l'intervention à effectuer.

A partir de la prise de service, les sapeurs-pompiers doivent se tenir prêts à partir à tout instant, au son d'un annonceur électrique vocal qui indiquera, par haut-parleur et dans toute la caserne, les besoins pour l'intervention demandée.

De 8 h à 8 h 30 : Il est procédé au contrôle des véhicules :

- plein ;
- fonctionnement des différents systèmes ;
- mise en place du matériel, etc...

De 8 h 30 à 10 h : Activité sportive.

Le sapeur-pompier, effectuant des efforts physiques en permanence lors de ses interventions, doit se maintenir en parfaite forme physique . C'est la raison pour laquelle la part réservée au sport est importante.

De 10 h 30 à 12 h : Exercices divers . Etudes en salle.

S'ils sont importants, ces exercices pourront se poursuivre l'après-midi.

De 14 h à 18 h : Entretien de la caserne.

Tous les travaux : réparations de véhicules, peinture, menuiserie, électricité, sont effectués par les sapeurs-pompiers mêmes.

Ceci explique qu'au départ on exige un C.A.P., chacun exerçant son savoir ensuite au profit de la collectivité.

Les tâches de prévention sont effectuées, au cours de l'après-midi, (exemple : contrôle des poteaux d'incendie).

Les personnels logés (vivant dans des appartements situés dans l'enceinte de la caserne) travaillent 24 heures et se reposent pendant la même durée.

Les non-logés travaillent 24 heures et se reposent durant 48 heures ; ils regagnent des dortoirs situés au-dessus des garages dès la fin de la journée de travail.

3 NOTIONS SUR LA HIÉRARCHIE ET SUR LE DÉROULEMENT DE CARRIÈRE

A l'issue de son succès aux épreuves d'admissibilité, puis d'admission, le lauréat, à la sortie de sa formation en école, est nommé :

- Sapeur-pompier de 2ème classe.
- Un an après, il passe au rang de 1ère classe.
- Deux à cinq ans après (selon les stages effectués), il est nommé caporal .
- Trois ans après il peut accéder au grade de caporal-chef .
- L'accession au grade de sous-officier se fait par concours et à l'issue d'un stage en école .
- Puis les nominations aux grades d'adjudant et d'adjudant-chef se font à l'ancienneté .
- Le grade de sous-lieutenant peut s'obtenir :
    - soit par examen professionnel, pour les candidats ayant cumulé 10 ans de sapeur-pompier professionnel et d'adjudant ;
    - soit par concours externe, exigeant certains diplômes (Bac + 2).
- Le lieutenant possédant 10 ans d'ancienneté peut accéder par promotion interne au grade de capitaine ou par concours interne pour les titulaires d'un Bac + 5.

Les meilleurs de ces officiers accéderont ensuite aux grades de commandant, lieutenant-colonel et enfin colonel, compte tenu du profil de leur carrière, des spécialisations obtenues.

CHAPITRE 3
ÉTUDE DE PERSONNALITÉ

1 L'ÉTUDE DE LA PERSONNALITÉ DU CANDIDAT

Tous les ouvrages de préparation à l'entretien avec le jury, ainsi que l'expérience, l'indiquent nettement : il ne s'agit pas, au cours de cette épreuve, de mesurer les connaissances du candidat, mais plutôt de cerner leur personnalité en confrontant ses traits dominants aux exigences requises par la qualification professionnelle recherchée.

Cette personnalité sera révélée, en un temps très court (15 minutes), par votre présence, votre rayonnement personnel, mais aussi par les réponses claires et précises à quelques questions auxquelles vous serez soumis.

Les questions posées visent à déterminer la valeur que revêtent pour vous certaines notions :

- la motivation pour l'exercice de ce métier,
- la sociabilité et la pondération,
- le service public,
- l'attitude face à la difficulté ou à des situations exceptionnelles,.

Les questions pourront prendre diverses formes.

Par exemple :

- **Pouvez-vous vous présenter au jury ?**

C'est, la plupart du temps, la question qui ouvre l'entretien.

Elle ne présente aucun piège, et permet, au contraire, à tout candidat de répondre sans faire appel à des connaissances approfondies.

Elle a surtout pour but de le détendre, de le mettre à l'aise dès le départ de l'entretien.

A partir de votre réponse certains points susceptibles de vous mettre davantage en valeur pourront vous être demandés.

- **Quels sont les traits dominants de votre caractère ?**

Peu de candidats échappent à cette question, bien que venant dans le cours de l'entretien, (après la présentation et le développement des motivations).

Elle équivaut à faire un autoportrait. Elle surprend habituellement certains candidats, car ni votre vie d'adolescent, ni vos études ne vous ont généralement donné l'occasion de vous connaître.

Pensez alors, et à l'avance, en vous aidant des avis de vos proches, à l'image qu'ils donnent de vous, sans retenir, à tout prix et uniquement, la plus défavorable et la plus dévalorisante.

Évitez de répondre : "ce n'est pas à moi de me juger", ou "il n'est pas facile de dire ce que l'on pense de soi".

- **Avez-vous déjà pris des initiatives ou des responsabilités ?**

C'est encore une question à laquelle il faut avoir réfléchi au préalable, pour trouver une réponse précise et claire.

Pensez par exemple, à l'achat d'une voiture d'occasion, à la décision de louer un petit appartement pour vous rapprocher du lieu d'un précédent emploi, à l'animation d'une discipline sportive dans un club, ou plus loin dans le temps, à une fonction de délégué de classe.

Ce que le jury veut vérifier en posant cette question, c'est :

- votre sens de l'autonomie ;
- votre aptitude à réagir efficacement à des situations inédites, et en définitive ;
- votre force de caractère et votre solidité .

- **Que pensez-vous de la hiérarchie (dans la fonction publique) ?**

Réponse possible :

La hiérarchie existe dans tous les domaines de l'activité. Elle est indispensable à la bonne marche de toute administration ou de tout service. Elle ne se limite donc pas à la hiérarchie militaire.

Sans hiérarchie ce serait vite l'anarchie.

- **Quel est pour vous le chef idéal ? le collègue idéal ?**

Réponse possible :

Le chef idéal est avant tout quelqu'un d'impartial et de juste . Le collègue idéal, est celui qui est à vos côtés dans les situations difficiles.

- **Comment réglez-vous vos problèmes ?**

Réponse possible :

Dans tous les cas il vaut mieux régler ses problèmes en gardant son calme et son sang-froid .

- **Êtes-vous tenace, travaillez-vous vite ?**

Réponse possible :

La ténacité est plutôt une qualité (à ne pas confondre avec l'entêtement). Travailler vite permet d'être efficace à condition de bien travailler.

Citez un ou plusieurs exemples où vous avez fait preuve d'efficacité en travaillant vite .

- **Vous arrive-t-il de revenir sur vos décisions ?**

Réponse possible :

On peut toujours revenir sur une décision prise si on estime s'être trompé . Cela ne doit devenir une habitude, car on pourrait alors vous reprocher de faire preuve de faiblesse de caractère, ce qui constituerait un défaut, et hypothèquerait à la longue votre efficacité.

- **Quelles sont vos qualités ? Que vous reproche-t-on parfois ?**

Réponse possible :

Vos points forts : il s'agit de citer quelques qualités correspondant à celles requises pour faire un bon sapeur-pompier professionnel :

- calme, sang-froid ;

- sociabilité ;
- polyvalence ;
- endurance physique ;
- compréhension, tolérance.

Citez quelques exemples vécus, qui ont pu vous permettre de mettre en valeur ces qualités.

Ce que l'on vous reproche habituellement : cherchez un ou deux défauts connus de vos proches, en espérant qu'ils soient mineurs.

Afin que le jury reste sur une bonne impression, citez d'abord vos défauts, puis vos qualités.

- **Dans quelles tâches vous verriez-vous le mieux ? Le moins bien ?**

Réponse possible :

Le mieux : dans des tâches faisant appel à un travail sur le terrain . Les fonctions de sapeur- pompier professionnel se déroulent essentiellement à l'extérieur et dans ce cas il faut préférer les interventions qui contribuent à sauver un maximum de vies humaines et de biens, celles où on se sent vraiment utile et efficace .

Le moins bien : dans des tâches administratives . En général elles constituent une infime partie des activités du sapeur-pompier professionnel .

- **Quels sont les aspects positifs et négatifs du métier de sapeur-pompier ?**

Réponse possible :

Aspects positifs : c'est un métier :

- présentant en permanence des situations changeantes, la monotonie y est absente ;
- de contact (travail en équipe, contact avec le public) ;
- où on est amené à prendre des responsabilités;
- permettant une évolution dans la carrière ;
- où la sécurité de l'emploi est en principe assurée.

Aspects négatifs : c'est un métier à risques, il exige une grande disponibilité et les horaires sont parfois astreignants.

- **Avez-vous beaucoup d'amis ?**

Cette question a pour objet de permettre aux membres du jury de savoir si vous êtes quelqu'un d'extraverti ou au contraire d'introverti et par la même occasion d'avoir un aperçu de votre sens de la vie en collectivité .

- **Comment vous voyez-vous dans dix ans ?**

Ce genre de question peut gêner ou surprendre la candidat . Elle n'est pas gratuite ni fantaisiste . Certes à 20 ou 25 ans on n'est pas habitué à se projeter dans l'avenir.

Le but d'une telle question est de permettre à son auteur de vérifier si la personne interrogée a imaginé son avenir, son déroulement de carrière en éliminant l'incertitude, le flou, le fortuit . En un mot s'il est raisonnablement ambitieux.

Réfléchissez à ce que vous allez répondre, faites preuve d'imagination mais aussi de mesure dans vos propos.

Rassemblez vos souvenirs de conversations, vos informations recueillies, lors de la visite d'une caserne, ou par exemple, d'un stand tenu par des sapeurs-pompiers professionnels.

- **Avez-vous un projet professionnel ?**

Question proche de la précédente, bien que plus orientée vers votre avenir professionnel proprement dit.

- **Que pensez-vous de cet entretien ?**

Il s'agit le plus souvent d'une question abordée en fin d'entretien . Le jury souhaite en la posant, vous permettre de faire le bilan des 15 minutes qui viennent de s'écouler. Il est important d'être lucide et objectif, de profiter de l'occasion qui se présente pour corriger une erreur ou une impression qui vous a paru négative . Sans faire preuve d'une forfanterie excessive, ne soyez pas, inversement, exagérément pessimiste sur votre prestation.

2 TESTEZ VOTRE ÉMOTIVITÉ

Voici un test facile, vous permettant d'analyser votre capacité à faire face à des situations difficiles (à condition de l'effectuer en toute sincérité).

Vous arrive-t-il ?	**A** **Rarement**	**B** **Parfois**	**C** **Souvent**
1. De perdre votre sang-froid lorsqu'on vous agresse verbalement ?			
2. D'avoir des réactions physiques (rougeur, pâleur, respiration difficile) devant un problème inattendu ?			
3. De devenir agressif face à une personne qui vous déstabilise ?			

4. De reprendre, à votre compte, les propos de votre contradicteur ?			
5. D'empêcher votre contradicteur de s'exprimer ?			
6. D'accepter des critiques avec le sourire ?			
7. De prendre les critiques comme des attaques personnelles ?			
8. D'accepter de perdre au jeu, sans critiquer votre partenaire ?			
9. D'accepter les critiques de votre partenaire, s'il vous arrive de perdre au jeu ?			
10. De tricher, pour éviter de perdre au jeu ?			
11. De faire changer d'avis un de vos contradicteurs ?			
12. De reconnaître facilement vos torts ?			

Relevez vos résultats et totalisez les points obtenus.

1 - A = 2 points	1 - B = 1 point	1 - C = 0 point
2 - A = 2 points	2 - B = 1 point	2 - C = 0 point
3 - A = 2 points	3 - B = 1 point	3 - C = 0 point
4 - A = 2 points	4 - B = 1 point	4 - C = 0 point
5 - A = 2 points	5 - B = 1 point	5 - C = 0 point
6 - A = 0 point	6 - B = 1 point	6 - C = 2 points
7 - A = 2 points	7 - B = 1 point	7 - C = 0 point
8 - A = 0 point	8 - B = 1 point	8 - C = 2 points
9 - A = 0 point	9 - B = 1 point	9 - C = 2 points
10 - A = 2 points	10 - B = 1 point	10 - C = 0 point
11 - A = 0 point	11 - B = 1 point	11 - C = 2 points

12 - A = 0 point 12 - B = 1 point 12 - C = 2 points

Analyse des résultats :

- Si vous totalisez 20 points ou plus, vous êtes à l'aise dans toutes les situations, même les plus difficiles .

- Si vous obtenez de 15 à 19 points : vous arrivez à maîtriser un grand nombre de situations .

- Si vous totalisez moins de 15 points : vous pouvez vous considérer comme quelqu'un d'émotif, et qui malheureusement perd facilement ses moyens . Il faudra alors faire des efforts pour combattre vos défauts .

CHAPITRE 4
CONNAISSANCES GÉNÉRALES

Les connaissances générales d'un candidat s'apprécient difficilement au cours d'un bref entretien.

Aussi, c'est souvent l'ouverture intellectuelle du candidat, manifestée, par exemple, par son intérêt pour l'actualité, qui sera testée.

L'actualité ne se traîte pas comme une succession d'informations brutes : elle nécessite, si l'on vous demande d'évoquer tel ou tel fait important, de préparer une fiche.

Cette fiche devra faire l'objet d'une mise à jour en fonction de la date à laquelle le candidat se présentera aux épreuves d'admission.

Il n'est pas indispensable, pour pouvoir répondre aux questions posées par le jury dans ce domaine, de vous livrer à des recherches poussées sur de grands sujets, mais il est essentiel d'en connaître les grandes lignes afin de ne pas être pris au dépourvu si, par exemple, on vous demande de parler de faits importants (conflits armés, conflits sociaux, terrorisme, élections.....), venant de se produire dans le monde, en France, ou même dans votre région.

A titre d'exemple voici les trois rubriques qu'on aurait pu traiter en avril/mai/juin 1996.

1 L'ACTUALITÉ INTERNATIONALE

- Fin avril 1996 : accords de cessez-le-feu signés (après médiation des Etats-Unis et de la France) entre Israël et le Liban, à la suite des bombardements israéliens dans la partie sud du Liban, en riposte à des attaques des forces pro-palestiniennes du "Hezbollah" implantées dans ce pays.

- Embargo européen sur la viande bovine britannique, occasionné par le problème des "vaches folles" atteintes par la maladie de **Creutzfeldt-Jakob**.

  - 18 cas découverts en France depuis 1991

  - 150 cas en Grande-Bretagne.

- **Benyamine NETANYAHOU** : élu 1er ministre d'Israël; Il succède à Shimon PERES .

- L'Europe aura , au 1er janvier 1999, une monnaie unique , "**l'Euro**".

2 L'ACTUALITÉ NATIONALE

- **Le projet de réforme des Armées**, annoncé par le chef de l'Etat, en février 1996, suit son cours.

Le but de cette réforme, selon le voeu du Président de la République, est :

  - de rechercher un meilleur rendement ;

  - une efficacité optimale dans un contexte qui change.

L'Armée de Terre, la plus importante en effectifs des trois armes, est à ce titre la première concernée par les restructurations annoncées.

Le nombre des régiments actuels : 124, doit être ramené à 83 ou 85, soit une réduction de plus d'un tiers de ses effectifs.

- **Projet de réforme du Service National** : des débats sont organisés dans toutes les communes, les discussions portant , sur l'avenir des futurs appelés : Service obligatoire ? Service sur volontariat, sous forme de Service civil ? Rien n'est décidé pour l'instant.

- Pour lutter contre le chômage et la "fracture sociale" : projet de création, par le Gouvernement , de "**zones franches**" sur tout le territoire national.

Trente huit villes sont concernées.

Celles-ci bénéficieront d'exonérations fiscales et de charges patronales sur cinq ans , à compter du 1er janvier 1997 .

Ce projet sera soumis aux parlementaires en juin 1996.

- **Le 18 juin 1996** : présentation au Gouvernement du plan BAYROU (ministre de l'Education) pour une réforme des universités.

- **Le 20 juin 1996** : présentation du **rapport FAUROUX** (en vingt et une propositions) pour "une modernisation" urgente de l'Ecole .

- **20ème vol de la navette américaine Columbia** : pour la première fois dans l'histoire de l'espace**, un scientifique français, Jean-Jacques Favier**, fait depuis le 20 juin 1996 (et ce, jusqu'au 7 juillet 1996), le tour de la planète, à raison d'une révolution toutes les 90 minutes .

3 L'ACTUALITÉ RÉGIONALE

Différente selon la région d'origine de chaque candidat.

Cette actualité ne portera que sur des événements importants s'étant produits localement.

CHAPITRE 5
CONSEILS PRATIQUES

1 L'ENTRÉE DANS LA SALLE

Évitez de vous présenter devant le jury, les mains dans les poches, ou en mâchant un chewing-gum.

Un tel comportement aurait pour effet de donner unc impression défavorable dès le départ.

Adoptez au contraire un comportement "normal" sans attitude servile, ni exagérément respectueuse .

En résumé, faites preuve à l'égard du jury du maximum de correction, sans toutefois en rajouter.

2 L'HABILLEMENT

Question angoissante que se posent de nombreux candidats quelques jours avant le passage devant le jury : doit-on porter une tenue, un costume, appropriés aux circonstances ? La réponse est non .

Il n'existe donc pas d'habillement-type du candidat : il faut alors trouver un juste milieu.

Le jury attend des candidats, une allure présentable, décente, conforme aux usages.

On comprend que les candidats aujourd'hui n'aient ni l'habitude, ni l'occasion et parfois ni les moyens du complet trois pièces. Mais on peut admettre qu'ils fassent un effort de mise pour une épreuve qui peut être déterminante pour leur avenir professionnel.

Aussi, le candidat qui adopte une tenue débraillée ou d'une extrême décontraction a peu de chances d'être favorablement apprécié . Il en sera de même pour celui qui affichera une prétention à une élégance trop poussée ou au suprême bon ton.

Pour être concret, le candidat non allergique à la cravate, pourra en porter une ce jour-là, sans pour autant se trouver engoncé dans une costume étrenné ce jour-là.

Par-dessus la chemise, un veston même léger sera apprécié.

Les couleurs trop criardes, les chemisettes trop estivales (si l'épreuve se déroule à la belle saison), les chaussures de sport, de fantaisie, sont à proscrire .

Ces recommandations sont également valables pour les candidates pour lesquelles le port de la robe plissée ne sera pas obligatoire.

En résumé, avant tout du naturel si possible, mais aussi un petit effort pour ce jour , finalement pas comme les autres.

3 COMMENT SÉDUIRE LE JURY ?

Il ne faut pas se méprendre par l'énoncé de cette question . En effet, l'épreuve de l'entretien avec le jury, ne saurait se réduire à un exercice de charme à l'endroit de ses membres, afin de les circonvenir.

Mais il n'est pas interdit de le séduire dans le bon sens du terme, dès les premières minutes de l'épreuve.

En dehors de l'élégance de la tenue vestimentaire évoquée ci-dessus, les moyens honnêtes dont vous disposerez, tournent autour de quelques mots-clés :

- le contact ;
- l'aisance ;
- la correction ;
- la conviction ;
- la clarté d'expression.

3.1 LE CONTACT

Aussi bien dans votre apparence que dans les propos que vous tiendrez, il faut immédiatement capter l'attention des membres du jury en respectant certaines règles et détails que nous allons rappeler ci-dessous :

- position sur sa chaise : il faut occuper le siège en se tenant bien droit sans raideur excessive ;
- position des mains : évitez les grands gestes. N'utilisez vos mains que pour quelques gestes expressifs ;
- efforcez-vous d'éliminer les tics nerveux et les déplacements des accessoires à portée de vos mains (règle, montre, stylo etc...) ;
- regardez les membres du jury, en face mais non pas fixement . Ne donnez pas l'impression, en baissant votre regard, de réciter un texte appris à l'avance ;
- personnalisez la présentation, en employant la première personne de manière à donner plus de force à vos ambitions et à votre motivation.

3.2 L'AISANCE

L'ennemi habituel, pour la plupart des candidats soumis à une épreuve orale quelle qu'elle soit, est le trac.

Il n'existe pas de recette miracle pour le dominer, ou mieux pour l'éviter. Vous pouvez plutôt essayer de limiter ses effets :

- en vous persuadant qu'on ne vous tiendra pas rigueur d'une émotion qui atteste une sincérité parfaite ;

- en pensant que le jury n'est pas forcément composé de personnes choisies pour éliminer les candidats ;

- en vous efforçant de garder le sourire même si vous êtes en difficulté, cela contribuera, à coup sûr, à vous décontracter ;

- en vous habituant à prendre la parole dans les circonstances les plus diverses de la vie . Pour cela, n'attendez pas le jour du concours pour découvrir que vous êtes émotif ;

- en assimilant le maximum de connaissances sur la profession envisagée : ses avantages, ses difficultés.

Cela ne vous empêchera pas d'avouer votre ignorance, dans certains domaines, et même de reconnaître vos erreurs ;

- en utlisant certaines "astuces" utilisées par les professionnels de la prise de parole :

  - respirez profondément ;

  - ralentissez votre débit ;

  - ménagez des silences afin de vous permettre de bien réfléchir à ce que vous allez dire...

3.3 LA CORRECTION

Il est absolument nécessaire pour les candidats de parler une langue correcte, d'éviter les expressions familières, argotiques ou triviales .

Résistez à l'emploi de tout jargon, de sigles, d'abréviations telles que : "télé", "B.D", "sécu", "pote", "mec", etc... Cela risquerait d'être préjudiciable pour la suite de l'épreuve.

En résumé, ni recherche excessive, ni laissez-aller ou écart de langage.

3.4 LA CONVICTION

Il faut en tout premier lieu être entendu . Pour cela il est nécessaire de parler d'une voix claire et intelligible (sans crier) et en veillant à articuler .

Il faut éviter aux membres du jury d'avoir à vous faire répéter une réponse inintelligible, prononcée sans conviction de votre part.

Il n'y a qu'une recette pour améliorer votre diction : vous entraîner, à haute voix, à maîtriser votre forme parlée.

3.5 LA CLARTÉ

L'expression orale, plus encore que l'exposé écrit, ne supporte pas :

- les hésitations ;
- le manque de clarté ;
- les balbutiements ;
- le bredouillement.

Efforcez-vous d'éliminer les "euh", "bon ben", "disons", sans pour autant tomber dans la proxilité ou le bavardage .

4 LES ATTITUDES DES MEMBRES DU JURY

Elles sont utilisées très rarement sous cette forme, il faut le reconnaître, pour sonder le candidat sur ses possibilités défensives.

4.1 QUELQUES EXEMPLES D'ATTITUDES QUI POURRAIENT VOUS PARAITRE "HOSTILES"

- le membre du jury lit ostensiblement son journal ;
- le membre du jury fait mine de somnoler ;
- ou encore il fait des commentaires sur vos réponses.

Dans les cas évoqués ci-dessus, il ne faut pas se laisser déstabiliser mais faire face à une situation imprévue, en se montrant capable de réagir et en argumentant ses réponses.

4.2 LES DISCUSSIONS ENTRE LES MEMBRES DU JURY NE SONT PAS TOUJOURS DESTINÉES A VOUS TROUBLER

Par exemple : deux "jurés" se consultent, tandis que vous répondez à la question d'un troisième .

Ils peuvent ne pas forcément agir pour vous troubler . Vous n'avez donc pas à en prendre ombrage .

4.3 UN JURÉ PEUT VOUS REPRENDRE SUR UN DÉTAIL QUE VOUS IGNOREZ

Dans ce cas, reconnaissez vos faiblesses tout en rappelant les arguments qui ne modifient en rien le contenu de votre réponse.

5 LES ATTITUDES ET LE LANGAGE QUE LE CANDIDAT DOIT IMPÉRATIVEMENT ÉVITER

5.1 ATTITUDES PHYSIQUES

- le manque d'assurance : propos hésitants, regard inquiet, tête rentrée dans les épaules ;
- la fragilité émotionnelle : tremblements, rougeur, temps de silence trop longs ;
- les positions physiques : bras croisés ou tronc basculé à l'arrière, le regard fuyant ou le regard sélectif rivé sur une seule personne, une attitude faussement décontractée.

5.2 L'UTILISATION D'UN LANGAGE INCORRECT

<u>Dites</u> :

- "pécuniaire" et non pas "pécunier" ;
- "rémunérer" et non pas "rénumérer" ;
- "dilemme" et non pas "dilemne" ;
- "une rue passante" et non pas "une rue passagère" ;
- "causer avec quelqu'un" et non pas "causer à quelqu'un" ;

- "dans l'intention de" et non pas "dans le but de" ;
- "aller à vélo" et non pas "aller en vélo" ;
- "pallier une carence" et non pas "pallier à une carence" ;
- "en revanche" et non pas "par contre" ;
- "je vous prie de m'excuser" et non pas "je m'excuse" ;
- "pour illustrer ce propos" et non pas "pour vous convaincre" ;
- "sauter à bas de son lit" et non pas "sauter bas son lit" ;
- "furieux contre quelqu'un" et non pas "furieux après quelqu'un"†;
- "lire dans le journal" et non pas "lire sur le journal" ;
- "quant à moi" et non pas "tant qu'à moi" ;
- "de manière que" et non pas "de manière à ce que" ;
- "il y a longtemps que je l'ai rencontré" et non pas "il y a longtemps que je ne l'ai rencontré" (la négation est inutile);
- "il revient de suite" et non pas "il revient tout de suite" ;
- "il mange trop, il parle trop" et non pas "il mange de trop, il parle de trop".

Évitez les expressions suivantes :

"monter en haut, descendre en bas, marcher à pied, voler dans l'air, nager dans l'eau, voir de ses yeux, construire une maison neuve, préparer d'avance, prévoir avant, collaborer ensemble, reculer en arrière"...

CHAPITRE 6
CONCLUSION

Il serait naïf de penser que l'entretien oral consiste en l'application par les membres du jury d'une liste immuable de questions, répertoriées à l'avance, permettant de passer en revue tous les aspects du candidat.

Au vu de ce qui précède on peut alors conclure qu'il ne peut pas y avoir de schéma-type de l'entretien.

Nous proposons à votre réflexion, une liste non exhaustive de questions posées habituellement lors d'entretiens oraux de concours.

- Possédez-vous l'esprit d'équipe ?
- Si vous gagniez un million de francs au loto, que feriez-vous de cette somme ?
- Quel pays étranger aimeriez-vous visiter ? Donnez vos raisons.
- Vous est-il arrivé de commettre des fautes de tact ?
- Qu'est-ce qui vous différencie des autres ?
- Avez-vous déjà eu le trac ? A quelle occasion ?
- En dehors des sujets évoqués, y-a-t-il un sujet dont vous aimeriez parler plus particulièrement ?
- Avez-vous une question à nous poser ?
- Quel est votre atout principal ?

- Qu'est-ce que vous acceptez le moins, habituellement ?
- Etes-vous curieux ? Si oui, prouvez-le.
- Prenez-vous facilement des risques ?
- Avez-vous déjà effectué un ou plusieurs stages ?
- Qu'avez-vous réalisé d'exceptionnel à ce jour ?
- De quoi êtes -vous le plus fier ?
- Lequel de vos deux parents a le plus d'influence sur vous ?
- Partagez-vous habituellement l'opinion de vos parents ?
- Est-ce un handicap d'être un enfant unique ?
- Comment sélectionnez-vous vos amis ?
- Faites-vous toujours confiance à vos amis ?
- Faites-vous seulement confiance à vos amis ?
- Avez-vous un idéal ?
- Quelle est votre devise préférée ?
- Quelles sont vos passions ? Vos centres d'intérêt ?
- Quels film(s) avez-vous vu(s) dernièrement ?
- Quels sont vos trois films préférés ?
- Quels livres avez-vous lus dernièrement ?
- Pratiquez-vous un sport ?
- Quel est l'événement qui vous a le plus marqué ces derniers mois ?

- Parlez pendant deux minutes d'un sujet de votre choix.

- Comment avez-vous vécu votre service national ?

- Que représente pour vous la notion de service public ? Citez les principaux services publics que vous connaissez.

- Pourquoi voulez-vous devenir sapeur-pompier ?

TITRE 5

SECOURISME

ÉPREUVE ORALE FACULTATIVE

SECOURISME

1 RÉFÉRENCE

- **Arrêté du 21 novembre 1994, article 16**

Les candidats qui le souhaitent et qui en font la demande, lors du dépôt de leur dossier de candidature, peuvent subir une épreuve orale facultative en secourisme, notée sur 20, affectée d'un coefficient 1.

- **Annexe III** (épreuve de secourisme)

Les modules de formation ci-après, présentent les éléments essentiels relatifs aux premiers secours :

A. MODULES DE FORMATION DE BASE AUX PREMIERS SECOURS (constituant un prérequis)

B 1 : Protéger, alerter

- Savoir protéger du suraccident et transmettre l'alerte aux services de secours et de soins.

- Savoir interpréter les signaux d'alerte aux populations.

Objectif : protection immédiate et adaptée.

- Protéger :
    - soi-même,
    - le blessé ou le malade,
    - les tiers des dangers et risques environnants, notamment du suraccident.
- Alerte : rapide et précise.

Pour diminuer les délais de mise en œuvre de la chaîne de secours et de soins, tout retard et toute imprécision peuvent entraîner l'aggravation, d'une part des risques existants et, d'autre part, de l'état de chaque victime.

- Connaissance des signaux d'alerte aux populations.

B 2 : Dégagements d'urgence

- Savoir quand et comment déplacer une victime en cas d'urgence

  Objectifs :

    - Savoir reconnaître les situations qui imposent un dégagement ou un déplacement immédiat de la victime.
    - Savoir le faire avec un risque mesuré pour soi-même ou pour la victime.

B 3 : Bilan et surveillance

- Savoir observer l'état des fonctions vitales.
- Savoir reconnaître et apprécier les signes d'une détresse vitale.

Objectifs :

1. Après avoir écarté le risque de suraccident, il faut évaluer en moins de trente secondes l'état des trois fonctions vitales pour agir immédiatement (cf. modules B 4 à B 10) :

- la fonction nerveuse,
- la fonction ventilatoire, après s'être assuré de la liberté des voies aériennes,
- la fonction circulatoire, avec prise du pouls carotidien.

2. En attendant les secours :

- surveiller l'évolution de l'état de ces fonctions (que des gestes aient été entrepris ou non),
- recueillir le maximum de renseignements afin de les transmettre avec précision aux secours organisés lors de leur arrivée.

B 4 : Hémorragies

- Savoir agir devant une hémorragie visible.

  Objectifs :

  - savoir reconnaître une hémorragie externe ou extériorisée,
  - connaître la conduite à tenir et savoir pratiquer les gestes adaptés.

B 5 : Victime inconsciente

- Conduite à tenir devant une personne inconsciente et qui ventile : libération des voies aériennes sans matériel.

Objectifs :

1. Connaître les risques encourus par une personne inconsciente (obstruction des voies aériennes par chute de la langue en arrière, hémorragie faciale, vomissements, corps étrangers, etc...).

2. Savoir explorer et dégager les voies aériennes.

3. Savoir mettre la victime en position latérale de sécurité (P.L.S.).

B 6 : Détresse ventilatoire

- Savoir reconnaître une détresse ventilatoire.
- Savoir pratiquer :
  - la libération des voies aériennes,
  - la ventilation artificielle sans matériel,
  - la méthode de désobstruction selon Heimlich.

Objectifs :

- Savoir reconnaître une détresse ventilatoire.
- Savoir pratiquer sans matériel :
  - la désobstruction des voies aériennes,
  - une ventilation artificielle efficace.

B 7 : Arrêt cardio-ventilatoire

- Savoir reconnaître un arrêt cardio-ventilatoire.
- Savoir pratiquer une ventilation artificielle associée à un massage cardiaque externe efficace.

Objectifs :

- Savoir reconnaître le signe essentiel de cette détresse : l'absence de pouls carotidien.
- Savoir pratiquer la ventilation artificielle associée à un massage cardiaque externe (M.C.E.).

B 8 : Malaises

- Savoir agir en présence d'une personne consciente présentant un malaise.

Objectifs :

- Savoir apprécier la gravité d'un malaise en fonction des signes et de leur évolution.
- Savoir adapter la conduite à tenir devant un malaise supposé grave ou non en attendant l'avis d'un médecin.

B 9 : Plaies et brûlures

- Savoir agir devant une plaie ou une brûlure.

Objectifs :

1. Connaître la nature des dangers les plus fréquents :

- d'une plaie,
- d'une brûlure.

2. Savoir différencier :

- une plaie simple d'une plaie grave,
- une brûlure simple d'une brûlure grave.

3. Savoir agir devant :

- une plaie simple,
- une plaie grave,
- une brûlure simple,
- une brûlure grave.

B 10 : Atteinte traumatique des os et articulations

- Savoir suspecter une atteinte traumatique des os et des articulations.
- Savoir agir en conséquence.

Objectifs :

- Savoir suspecter l'atteinte probable du squelette.
- Savoir agir en conséquence.

B. MODULES DE FORMATION AUX ACTIVITÉS EN ÉQUIPE (constituant le programme des épreuves)

Les modules de formation ci-après, présentent les éléments essentiels :

E 2 : Bilan

- Savoir dans le cadre de l'intervention d'une équipe :

- analyser la situation et ses risques,
- effectuer un bilan complet,
- transmettre les données recueillies.

Objectifs :

- Savoir apprécier une situation, en évaluer les risques évolutifs et prendre les mesures de protection adaptées.
- Savoir apprécier l'état d'une ou plusieurs personnes présentant un trouble pouvant aller jusqu'à menacer la vie.
- Savoir transmettre les informations précises et détaillées aux services concernés lors des différentes étapes de l'intervention.
- Savoir dans l'attente d'un renfort et après avoir réalisé les "gestes qui sauvent", assurer la surveillance de chaque victime.

E 6 : Hémorragies - plaies - brûlures

- Savoir agir, avec du matériel, devant une hémorragie, une plaie ou une brûlure.

Objectifs :

- Savoir reconnaître une hémorragie externe ou extériorisée et savoir pratiquer les gestes en utilisant le matériel adapté.
- Savoir reconnaître la gravité d'une plaie ou d'une brûlure et savoir agir en utilisant le matériel adapté.

E 7 : Liberté des voies aériennes

- Savoir libérer les voies aériennes avec et sans matériel.

  Objectifs :

  - Savoir reconnaître les situations qui imposent le maintien ou le rétablissement de la liberté des voies aériennes qui nécessitent l'utilisation de matériel.
  - Connaître l'intérêt, la mise en oeuvre de ces techniques et de ces matériels (canule oro-pharyngée, aspirateurs, etc...) et les dangers liés à leur emploi.

E 8 : Ventilation artificielle avec matériel

- Savoir pratiquer la ventilation artificielle avec matériel.

  Objectifs :

  - Savoir quand et comment utiliser de manière efficace les appareils manuels de ventilation artificielle.

E 9 : Oxygénothérapie - massage cardiaque externe

- Savoir utiliser l'oxygène chez une victime en détresse et pratiquer la ventilation artificielle associée à un massage cardiaque externe.

  Objectifs :

  - Savoir quand réaliser cette administration d'oxygène.
  - Savoir préparer, mettre en oeuvre, réaliser et surveiller l'administration d'oxygène chez une victime, par inhalation ou par insufflation.

- Savoir pratiquer efficacement, à plusieurs, la ventilation artificielle avec matériel et oxygène.

E 10 : Immobilisations

- Savoir utiliser le matériel d'immobilisation pour une atteinte traumatique de l'appareil locomoteur.

  Objectifs :

  - Savoir suspecter les lésions de l'appareil locomoteur et connaître leurs complications éventuelles.
  - Connaître l'intérêt que présente une immobilisation.
  - Savoir réaliser correctement une immobilisation.

2 ÉLÉMENTS D'APPRÉCIATION

- L'épreuve de secourisme permet une bonification pour les candidats qui ont déjà fait un pas vers la profession en se préparant aux techniques du secourisme. Ainsi, un avantage de + 1 à + 10 pourra être attribué aux candidats ayant passé avec succès cette épreuve.
- L'autorisation de concourir s'adresse à tous les candidats qu'ils détiennent - **ou non** - un diplôme ou une attestation de secourisme.
- Il est exclu de remettre en cause un diplôme ou une attestation antérieurement détenue.
- Il est exclu d'attribuer des bonifications, de façon partielle ou totale, en fonction des diplômes détenus.
- Les questions faisant appel à la participation de plusieurs équipiers sont exclues.

- Le système de base consiste à traiter un sujet correspondant aux modules E 2, E 6, E7, E 8, E 9 ou E 10, du niveau C.F.A.P.S.E. sachant que ceux-ci nécessitent au préalable la maîtrise des modules B 1 à B 10 de l'A.F.P.S.

3 MANUELS DE RÉFÉRENCE

Ce sont les fiches pédagogiques et techniques "PREMIERS SECOURS" éditées par le ministère de l'intérieur - direction de la sécurité civile.

Modules B 1 à B 10 du niveau A.F.P.S. pour le prérequis.

Modules E 2, E 6, E 7, E 8, E 9 et E 10 du niveau C.F.A.P.S.E.

4 SUJETS PROPOSÉS

Ce sont les cas concrets qui peuvent être soumis aux candidats au regard des modules E 2, E 6, E 7, E 8, E 9 et E 10 du niveau C.F.A.P.S.E.

NB :

1. Connaissance préalable requise : modules B 1 à B 10 du niveau A.F.P.S.

2. Les questions faisant appel à la participation de plusieurs équipiers sont exclues.

5 GRILLE D'ÉVALUATION

Le programme porte sur l'A.F.P.S. (modules B 1 à B 10) et C.F.A.P.S.E. (modules E 2 - E 6 - E 8 - E 9 - E 10). Sont donc exclus E 1 - E 3 - E 4 - E 5.

Le choix des modules retenus est justifié par la nécessité d'un travail individuel (et non en équipe).

NB : tous les cas concrets doivent comporter **tous** les éléments de la grille.

Comportement attendu	Réalisation efficace[1]		Notation			Observations
	Oui	Non	T.B.	Bien	Moyen	
PROTECTION du suraccident			2	1	0,5	
BILAN de la victime (circonstances - bilan vital - bilan fonctionnel - bilan lésionnel)			4	3	2	
GESTES TECHNIQUES : A. Sans matériel (A.F.P.S.)			2	1	0,5	
B. Techniques avec matériel 1. choix de la technique			1	1	0,5	
2. choix, montage et vérification du matériel			1	1	0,5	
3. Mise en œuvre			3	2	0,5	
C. Délai de réalisation compatible avec la situation			1	1	0,5	
ALERTE et/ou MESSAGE du bilan			4	3	2	
SURVEILLANCE			2	1	0,5	
TOTAL DES POINTS :						

1. *Seuls pourront être notés au-dessus de 10 les candidats ayant OUI à tous les items. Toute case "non" cochée entraine une minoration de 10 points.*

6 DÉROULEMENT DE L'ÉPREUVE

Temps de préparation - Temps de réponse :

Il n'a pas été prévu de durées de préparation ou de réponse. Il convient de se calquer sur les épreuves de secourisme.

7 DOCUMENTS ET ACCESSOIRES AUTORISÉS (POUR LE CANDIDAT)

Néant

TITRE 6

TECHNIQUES ET MATÉRIELS

ÉPREUVE ORALE FACULTATIVE

ÉPREUVE OPÉRATIONNELLE SUR LES TECHNIQUES ET MATÉRIELS AUXQUELS LES SAPEURS-POMPIERS ONT RECOURS

1 RÉFÉRENCE

L'arrêté du 21 novembre 1994 relatif au concours d'accès au cadre d'emplois des sapeurs-pompiers professionnels non officiers, article 16.

2 CONCEPTION

L'épreuve opérationnelle sur les "techniques et matériels auxquels les sapeurs-pompiers ont recours" doit permettre aux candidats s'étant intéressés au métier de sapeur-pompier de pouvoir répondre correctement aux questions posées.

Le principe est de retenir le nombre de points supérieurs à 10/20.

Le programme du **brevet de cadet** a été choisi comme repère.

Ont été sélectionnés dans les documents pédagogiques pour les sections et les moniteurs de jeunes sapeurs-pompiers (édités par la Fédération nationale des sapeurs-pompiers français, sous-commission des jeunes sapeurs-pompiers), les thèmes qui paraissaient répondre au titre de l'épreuve. En partant de ces thèmes, a été réalisé un document de travail rassemblant 27 questions avec leur contenu pédagogique tiré de l'ouvrage précité et du règlement de manœuvre des sapeurs-pompiers (R.I.M.).

Certaines questions étant plus riches en informations que d'autres, il a fallu rééquilibrer sur le plan du contenu et sur l'évaluation de la note. Des regroupements de thèmes ont permis d'élaborer une vingtaine de questions.

Il a été établi une grille d'évaluation-type notée en 20 points, 16 points pour la connaissance pure, 4 points pour valoriser la maîtrise du sujet.

La grille est donc construite de la manière suivante :

- connaissances en 16 domaines, 1 point chacun (système de notation à 3 niveaux) :
  - le candidat n'aborde pas le domaine = 0 point
  - le candidat a quelques notions dans le domaine = 0,5 point
  - le candidat connaît bien le domaine = 1 point
- appréciation du correcteur en 4 thèmes, 1 point chacun (système de notation à 3 niveaux) :
  - l'aisance du candidat, de 0 à 1, permet d'apprécier sa maîtrise du thème (présentation, relation entre les domaines...).

Ce modèle permet d'avoir une grille de notation vierge valable pour toutes les questions.

3 DÉROULEMENT DE L'ÉPREUVE

Le candidat tire une des 18 questions et dispose de 15 minutes de préparation dans un endroit isolé et a à sa disposition des feuilles de papier blanc. Ensuite, il expose son sujet en 10 à 15 minutes devant le jury. Il dispose d'un tableau dans la salle d'interrogation.

Lorsque le candidat a terminé son exposé, le ou les membres du jury doit questionner celui-ci dans les domaines qui n'ont pas été abordés, afin de remplir correctement la grille d'évaluation.

4 PROGRAMME DE L'ÉPREUVE

- Feu et combustion, extinction (principes et moyens).
- Les extincteurs.
- Les points d'eau artificiels et naturels.
- Les prises d'eau.
- Les pièces de jonction, les outils de déblai et les outils divers.
- Tuyaux et lances à mains.
- Les dévidoirs, les accessoires hydrauliques et le matériel à feu de cheminée.
- Marche générale des opérations.
- Établissement de la lance du dévidoir tournant (L.D.T.) avec et sans appareil respiratoire (A.R.I.).
- Établissement d'une grosse lance à plus ou moins de 200 mètres.
- Alimentation d'une division.
- Établissement d'une ou deux petites lances sur division alimentée.
- Transformation d'une grosse lance en une ou deux petites, remplacement d'une grosse lance en une ou deux petites sur division mixte, prolongement d'une grosse lance, devoir du porte-lance.

- Les appareils de sauvetage. Les échelles. Les cordages. Les commandes. La sangle. Le lot de sauvetage.
- Sauvetages : généralités, le sauvetage par l'extérieur, le sauvetage en excavation avec et sans l'A.R.I.
- Les appareils respiratoires, généralités, règles de base d'une opération avec A.R.I. et du travail du binôme en cave à fumée.
- Hydraulique : les pompes à incendie, hauteur d'aspiration, les amorceurs, les essais, anomalies de fonctionnement.
- Transmissions : généralités, organisation opérationnelle, stations et réseaux radio, règles d'exploitation des réseaux, les fréquences, les indicatifs, les messages.

5 MANUELS DE RÉFÉRENCE

- Documents pédagogiques pour les sections et les moniteurs de jeunes sapeurs-pompiers (sous-commission des jeunes sapeurs-pompiers)

Édités par la "Fédération nationale des sapeurs-pompiers français"
27, rue de Dunkerque - 75010 PARIS

- Règlement d'instruction et de manœuvre des sapeurs-pompiers

Édité par "FRANCE SÉLECTION"
9 à 13, rue du Département - 75925 PARIS CEDEX 19

- Matériel et techniques de sauvetage

Édité par "FRANCE SÉLECTION"
9 à 13, rue du Département - 75925 PARIS CEDEX 19

• Matériels et techniques chez les sapeurs-pompiers. Numéro hors série 1994.

Édités par la "Fédération nationale des sapeurs-pompiers français"
27, rue de Dunkerque - 75010 PARIS

6 LISTE DES QUESTIONS

- Question N° 1 : Feu et combustion, extinction (principes et moyens)
- Question N° 2 : Les extincteurs
- Question N° 3 : Les points d'eau, artificiels et naturels
- Question N° 4 : Les prises d'eau
- Question N° 5 : Les pièces de jonction, les outils de déblai et les outils divers
- Question N° 6 : Tuyaux et lances à mains
- Question N° 7 : Les dévidoirs, les accessoires hydrauliques et le matériel à feu de cheminée
- Question N° 8 : Marche générale des opérations
- Question N° 9 : Établissement de la lance du dévidoir tournant (L.D.T.), sans et avec appareil respiratoire isolant (A.R.I.)
- Question N° 10 : Établissement d'une grosse lance à plus ou moins de 200 mètres
- Question N° 11 : Alimentation d'une division

- Question N° 12 : Établissement d'une ou deux petites lances sur division alimentée, emploi du dévidoir par :
    1. la même équipe,
    2. une autre équipe.
- Question N° 13 : Transformation d'une grosse lance en une ou deux petites, remplacement d'une grosse lance en une ou deux petites sur division mixte, prolongement d'une grosse lance, devoir du porte-lance
- Question N° 14 : Les appareils de sauvetage - Les échelles - Les cordages - Les commandes - La sangle - Le lot de sauvetage
- Question N° 15 : Sauvetages : généralités, le sauvetage par l'extérieur, le sauvetage en excavation avec et sans l'A.R.I.
- Question N° 16 : Les appareils respiratoires : généralités, règles de base d'une opération avec A.R.I. et travail du binôme en cave à fumée
- Question N° 17 : Hydraulique : les pompes à incendie, hauteur d'aspiration, les amorceurs, les essais, anomalies de fonctionnement
- Question N° 18 : Transmissions : généralités, organisation opérationnelle, stations et réseaux radio, règles d'exploitation des réseaux, les fréquences, les indicatifs, les messages

Grille d'évaluation pour la question N° 1
Feu et combustion, extinction (principes et moyens)

- Le candidat n'aborde pas le domaine = 0 point
- Le candidat a quelques notions dans le domaine = 0,5 point
- Le candidat connaît bien le domaine = 1 point
- L'aisance du candidat, notée de 0 à 1, permet d'apprécier sa maîtrise du thème (présentation, relation entre les domaines...)

Thème	Domaine	Points
Triangle du feu	Combustible	
	Comburant	
	Énergie	
	Aisance du candidat	
Propagation	Conduction	
	Convection	
	Rayonnement	
	Déplacement	
	Aisance du candidat	
Prévention Combattre	Sources	
	Prévention	
	Classes	
	Procédés (étouffement, refroidissement)	
	Procédés (isolement, part du feu)	
	Aisance du candidat	
Extinction	Eau	
	Sable, poudre	
	Gaz carbonique	
	Mousses	
	Aisance du candidat	
	TOTAL sur 20	

Grille d'évaluation pour la question N° 2
Les extincteurs

- Le candidat n'aborde pas le domaine = 0 point
- Le candidat a quelques notions dans le domaine = 0,5 point
- Le candidat connaît bien le domaine = 1 point
- L'aisance du candidat, notée de 0 à 1, permet d'apprécier sa maîtrise du thème (présentation, relation entre les domaines...)

Thème	Domaine	Points
Classes de feux	Classe A : feux secs	
	Classe B : feux gras (B1, B2, B3)	
	Classe C : feux dits de gaz	
	Classe D : feux de métaux	
	Hors classe : feux spéciaux	
	Aisance du candidat	
Différents types	Eau pulvérisée	
	Poudre	
	Anhydride carbonique (CO_2)	
	Mousse	
	Hydrocarbure halogéné	
	Poids, capacités, durées	
	Aisance du candidat	
Dangers	Dangers d'emploi	
	Couleurs	
	Aisance du candidat	
Pratique	Vérifications	
	Place des extincteurs	
	Technique d'attaque	
	Aisance du candidat	
	TOTAL sur 20	

Grille d'évaluation pour la question N° 3
Les points d'eau, artificiels et naturels

- Le candidat n'aborde pas le domaine = 0 point
- Le candidat a quelques notions dans le domaine = 0,5 point
- Le candidat connaît bien le domaine = 1 point
- L'aisance du candidat, notée de 0 à 1, permet d'apprécier sa maîtrise du thème (présentation, relation entre les domaines...)

Thème	Domaine	Points
Le risque moyen	2 lances 65/18	
	120 m^3	
	2 heures d'autonomie	
	Aisance du candidat	
Les points d'eau naturels	Cours d'eau	
	Canaux	
	Étangs et lacs	
	Mer et océans	
	Conditions d'utilisation	
	Aisance du candidat	
Les points d'eau artificiels fixes et mobiles	Statiques (réservoirs, bassins...)	
	Conditions d'emploi	
	Dynamiques (hydrants...)	
	Camions citernes	
	Les engins d'incendie	
	Aisance du candidat	
Pratique	Aspiration	
	Refoulement	
	Débits	
	Aisance du candidat	
	TOTAL sur 20	

Grille d'évaluation pour la question N° 4
Les prises d'eau

- Le candidat n'aborde pas le domaine = 0 point
- Le candidat a quelques notions dans le domaine = 0,5 point
- Le candidat connaît bien le domaine = 1 point
- L'aisance du candidat, notée de 0 à 1, permet d'apprécier sa maîtrise du thème (présentation, relation entre les domaines...)

Thème	Domaine	Points
La bouche d'incendie de 100 mm	Description, implantation	
	Schéma, débit	
	Aisance du candidat	
	Manœuvre d'ouverture	
	Clef de barrage, sens	
	Dégorger, nombre de tours (13)	
	Manœuvre de fermeture	
	Difficultés de fonctionnement	
	Aisance du candidat	
Le poteau d'incendie	Description	
	Implantation	
	Manœuvre	
	Les bouchons, volant, sens	
	Dégorger	
	Nombre de tours (13)	
	Difficultés de fonctionnement	
	Aisance du candidat	
Les prises accessoires	Bouches de lavage et d'arrosage	
	R.I.A.	
	Aisance du candidat	
	TOTAL sur 20	

Grille d'évaluation pour la question N° 5
Les pièces de jonction, les outils de déblai et les outils divers

- Le candidat n'aborde pas le domaine = 0 point
- Le candidat a quelques notions dans le domaine = 0,5 point
- Le candidat connaît bien le domaine = 1 point
- L'aisance du candidat, notée de 0 à 1, permet d'apprécier sa maîtrise du thème (présentation, relation entre les domaines...)

Thème	Domaine	Points
Les raccords et la division	Définition des raccords	
	Raccords symétriques, montage, démontage	
	Raccords à levier, raccords à vis	
	Raccords de réduction, raccords intermédiaires	
	La division, définition	
	La division, différents types	
	Manœuvre de la division	
	Aisance du candidat	
Coude et retenue	Le coude d'alimentation de 100 mm, coude de 40 mm ou col de cygne	
	La retenue	
	Aisance du candidat (manœuvres)	
Collecteur et vannes	Le collecteur d'alimentation	
	Les vannes (65 à purgeur, de 100 mm)	
	Aisance du candidat	
Outils de déblai et outils divers	Pelle, pioche, fourche (droite, recourbée)	
	Gaffe, scie égoïne, autres...	
	Hache, hachette, pinces (petite et grande)	
	Grappins, herse	
	Autres...	
	Aisance du candidat	
	TOTAL sur 20	

Grille d'évaluation pour la question N° 6
Tuyaux et lances à mains

- Le candidat n'aborde pas le domaine = 0 point
- Le candidat a quelques notions dans le domaine = 0,5 point
- Le candidat connaît bien le domaine = 1 point
- L'aisance du candidat, notée de 0 à 1, permet d'apprécier sa maîtrise du thème (présentation, relation entre les domaines...)

Thème	Domaine	Points
Classification	Forme (semi rigides, souples) Utilisation (aspiration - alimentation - refoulement)	
Tuyaux de refoulement	Tuyaux de 25 mm	
	Petits tuyaux (45 mm)	
	Gros tuyaux (70 mm)	
	Tuyaux de 110 mm	
	Dévidoirs tournants (23 mm) R.I.A. (20 et 40 mm)	
	Nettoyage, épreuve	
	Aisance du candidat	
Autres tuyaux	Tuyaux d'alimentation	
	Tuyaux d'aspiration	
	Aisance du candidat	
Les lances à eau	Petites lances	
	Grosses lances	
	Lances spéciales	
	Jet plein ou bâton	
	Jet en pluie	
	Utilisation	
	Aisance du candidat	
Lances à mousse	Lances à mousse (45 et 70 mm)	
	Aisance du candidat	
	TOTAL sur 20	

Grille d'évaluation pour la question N° 7
Les dévidoirs, les accessoires hydrauliques
et le matériel à feu de cheminée

- Le candidat n'aborde pas le domaine = 0 point
- Le candidat a quelques notions dans le domaine = 0,5 point
- Le candidat connaît bien le domaine = 1 point
- L'aisance du candidat, notée de 0 à 1, permet d'apprécier sa maîtrise du thème (présentation, relation entre les domaines...)

Thème	Domaine	Points
Les dévidoirs	Dévidoir tournant	
	Manœuvre	
	Dévidoir à bobine	
	Manœuvre	
	Aisance du candidat	
	Dévidoir automobile	
	Manœuvre	
	Autres dévidoirs	
	Aisance du candidat	
Les accessoires hydrauliques	Pompe à mains, seau-pompe	
	Clé de barrage, tricoises	
	Ligature, obturateur et sangle à fuite, mandrins et massettes	
	Étrangleur, crépine d'aspiration	
	Pèse-bouche, bouchons-obturateurs	
	Vide-cave	
	Hydro-éjecteur	
	Aisance du candidat	
Matériel pour feu de cheminée	Énumération	
	Fonction des matériels	
	Aisance du candidat	
	TOTAL sur 20	

Grille d'évaluation pour la question N° 8
Marche générale des opérations

- Le candidat n'aborde pas le domaine = 0 point
- Le candidat a quelques notions dans le domaine = 0,5 point
- Le candidat connaît bien le domaine = 1 point
- L'aisance du candidat, notée de 0 à 1, permet d'apprécier sa maîtrise du thème (présentation, relation entre les domaines...)

Thème	Domaine	Points
La reconnaissance	Généralités	
	Objet de la reconnaissance	
	Conduite de la reconnaissance	
	Détermination des points d'attaque	
	Aisance du candidat	
Sauvetages et établissements	Les sauvetages	
	Les mises en sécurité	
	Les établissements	
	Aisance du candidat	
L'attaque	Circonscrit, Maître, Éteint	
	Mode d'attaque	
	Devoirs des officiers et sous-officiers	
	Devoirs des gradés et sapeurs	
	Aisance du candidat	
La protection Les déblais La surveillance et le retour du feu	Bâchage / déménagement	
	Épuisement / assèchement	
	Les déblais	
	La surveillance	
	Retour du feu	
	Aisance du candidat	
	TOTAL sur 20	

Grille d'évaluation pour la question N° 9
Établissement de la L.D.T., sans et avec A.R.I.

- Le candidat n'aborde pas le domaine = 0 point
- Le candidat a quelques notions dans le domaine = 0,5 point
- Le candidat connaît bien le domaine = 1 point
- L'aisance du candidat, notée de 0 à 1, permet d'apprécier sa maîtrise du thème (présentation, relation entre les domaines...)

Thème	Domaine	Points
Définitions	Définition de la L.D.T.	
	Définition de l'équipe	
	Composition de l'équipe	
	Aisance du candidat	
Commandements	Commandement "en reconnaissance"	
	Ordre d'établissement	
	Aisance du candidat	
Sans A.R.I.	Rôle du sous-officier	
	Rôle du chef	
	Rôle du sous-chef	
	Rôle du servant	
	Aisance du candidat	
Avec A.R.I.	Définition de l'A.R.I.	
	Rôle du sous-officier	
	Rôle du chef	
	Rôle du sous-chef	
	Rôle du servant	
	Code de communication	
	L.D.T. = ligne de vie	
	Aisance du candidat	
	TOTAL sur 20	

Grille d'évaluation pour la question N° 10
Établissement d'une grosse lance à plus ou moins de 200 m

- Le candidat n'aborde pas le domaine = 0 point
- Le candidat a quelques notions dans le domaine = 0,5 point
- Le candidat connaît bien le domaine = 1 point
- L'aisance du candidat, notée de 0 à 1, permet d'apprécier sa maîtrise du thème (présentation, relation entre les domaines...)

Thème	Domaine	Points
Généralités et établissement de la réserve	Commandements	
	Matériel	
	Rôle du chef	
	Rôle du sous-chef	
	Rôle du servant	
	Aisance du candidat	
Développement de l'établissement	Rôle du chef	
	Rôle du sous-chef	
	Rôle du servant	
	Aisance du candidat	
Arrivée au point d'eau	Rôle du chef	
	Rôle du sous-chef	
	Rôle du servant	
	Établissement point d'eau / point d'attaque	
	Aisance du candidat	
Point d'eau à plus de 200 mètres	Commandement, matériel	
	Rôle du chef	
	Rôle du sous-chef	
	Rôle du servant	
	Aisance du candidat	
	TOTAL sur 20	

Grille d'évaluation pour la question N° 11
Alimentation d'une division

- Le candidat n'aborde pas le domaine = 0 point
- Le candidat a quelques notions dans le domaine = 0,5 point
- Le candidat connaît bien le domaine = 1 point
- L'aisance du candidat, notée de 0 à 1, permet d'apprécier sa maîtrise du thème (présentation, relation entre les domaines...)

Thème	Domaine	Points
Généralités et mise en place de la division	Commandements	
	Matériel	
	Rôle du chef	
	Rôle du sous-chef	
	Rôle du servant	
	Aisance du candidat	
Développement de l'établissement	Rôle du chef	
	Rôle du sous-chef	
	Rôle du servant	
	Cas particuliers	
	Aisance du candidat	
Arrivée au point d'eau	Rôle du chef	
	Rôle du sous-chef	
	Rôle du servant	
	Aisance du candidat	
Point d'eau à plus de 200 mètres	Matériel	
	Rôle du chef	
	Rôle du sous-chef	
	Rôle du servant	
	Aisance du candidat	
	TOTAL sur 20	

Grille d'évaluation pour la question N° 12
Établissement d'une ou deux petites lances sur division alimentée, emploi du dévidoir par :
1. La même équipe - 2. Une autre équipe

- Le candidat n'aborde pas le domaine = 0 point
- Le candidat a quelques notions dans le domaine = 0,5 point
- Le candidat connaît bien le domaine = 1 point
- L'aisance du candidat, notée de 0 à 1, permet d'apprécier sa maîtrise du thème (présentation, relation entre les domaines...)

Thème	Domaine	Points
Emploi du dévidoir par la même équipe	Matériel	
	Commandements	
	Rôle du chef	
	Rôle du sous-chef	
	Rôle du servant	
	Établissement de la 2ème petite lance	
	Aisance du candidat	
Réserves	Réserve avec 1 petit tuyau	
	Réserve avec 2 petits tuyaux	
	Aisance du candidat	
Établissement	Établissements rampants	
	Établissements verticaux	
	Aisance du candidat	
Emploi du dévidoir par une autre équipe	Matériel	
	Commandements	
	Rôle du chef	
	Rôle du sous-chef	
	Rôle du servant	
	Rôle de la 2ème équipe	
	Aisance du candidat	
	TOTAL sur 20	

Grille d'évaluation pour la question N° 13
Transformation d'une grosse lance en une ou deux petites, remplacement d'une grosse lance en une ou deux petites sur division mixte, prolongement d'une grosse lance, devoir du porte-lance

- Le candidat n'aborde pas le domaine = 0 point
- Le candidat a quelques notions dans le domaine = 0,5 point
- Le candidat connaît bien le domaine = 1 point
- L'aisance du candidat, notée de 0 à 1, permet d'apprécier sa maîtrise du thème (présentation, relation entre les domaines...)

Thème	Domaine	Points
Transformation d'une grosse lance en une ou deux petites	Matériel	
	Commandements	
	Rôle du chef	
	Rôle du sous-chef	
	Rôle du servant	
	Aisance du candidat	
Remplacement d'une grosse lance en une ou deux petites (division mixte)	Matériel	
	Commandements	
	Rôle du chef	
	Rôle du sous-chef	
	Rôle du servant	
	Aisance du candidat	
Prolongement d'une grosse lance	Rôle du chef	
	Rôle du sous-chef	
	Rôle du servant	
	Cas de la réserve	
	Aisance du candidat	
Rôle du porte-lance	Rôle du porte-lance	
	Rôle du double porte-lance	
	Aisance du candidat	
	TOTAL sur 20	

Grille d'évaluation pour la question N° 14
Les appareils de sauvetage - Les échelles - Les cordages - Les commandes - La sangle - Le lot de sauvetage

- Le candidat n'aborde pas le domaine = 0 point
- Le candidat a quelques notions dans le domaine = 0,5 point
- Le candidat connaît bien le domaine = 1 point
- L'aisance du candidat, notée de 0 à 1, permet d'apprécier sa maîtrise du thème (présentation, relation entre les domaines...)

Thème	Domaine	Points
Généralités **Les échelles**	Généralités	
	Échelles aériennes	
	B.E.A.	
	Échelles à coulisse grand modèle	
	Échelles à coulisse petit modèle	
	Échelles à crochet	
	Aisance du candidat	
Cordes et sangle	Cordage, cordes	
	Commande	
	Sangle	
	Aisance du candidat	
Description du lot de sauvetage	Sac de transport	
	Corde 30 ou 60 m, 6 mousquetons	
	Descendeur en 8, harnais	
	3 anneaux de sangle rouge et 3 bleus	
	Commande 40 m	
	Aisance du candidat	
Utilisation	Fonctions principales	
	Entretien, précautions	
	Aisance du candidat	
	TOTAL sur 20	

Grille d'évaluation pour la question N° 15 Sauvetages : généralités, le sauvetage par l'extérieur, le sauvetage en excavation avec et sans l'A.R.I.

- Le candidat n'aborde pas le domaine = 0 point
- Le candidat a quelques notions dans le domaine = 0,5 point
- Le candidat connaît bien le domaine = 1 point
- L'aisance du candidat, notée de 0 à 1, permet d'apprécier sa maîtrise du thème (présentation, relation entre les domaines...)

Thème	Domaine	Points
Généralités	Sauvetage des personnes	
	Sauvetage des animaux	
	Les bâtiments incendiés	
	Communications existantes	
	Par l'extérieur	
	Aisance du candidat	
Sauvetage par l'extérieur	Introduction, composition de l'équipe	
	Matériel, commandement	
	Rôle du chef	
	Rôle du sous-chef	
	Rôle du servant	
	Aisance du candidat	
Sauvetage en excavation air respirable	Introduction, composition de l'équipe	
	Matériel, commandement	
	Rôle du chef	
	Rôle du sous-chef	
	Rôle du servant	
	Aisance du candidat	
Air irrespirable	Emploi de l'A.R.I., code	
	Aisance du candidat	
	TOTAL sur 20	

Grille d'évaluation pour la question N° 16
Les appareils respiratoires, généralités, règles de base d'une opération avec A.R.I. et travail du binôme en cave à fumée

- Le candidat n'aborde pas le domaine = 0 point
- Le candidat a quelques notions dans le domaine = 0,5 point
- Le candidat connaît bien le domaine = 1 point
- L'aisance du candidat, notée de 0 à 1, permet d'apprécier sa maîtrise du thème (présentation, relation entre les domaines...)

Thème	Domaine	Points
Généralités	A.R.Filtrants	
	A.R.Isolants circuit ouvert	
	A.R.Isolants circuit fermé	
	Calcul d'autonomie	
	Consignes de sécurité	
	Codes de communication	
	L'entraînement	
	Aisance du candidat	
Avant l'engagement	Rôle du directeur des secours	
	Rôle du contrôleur	
	Rôle des porteurs	
	Aisance du candidat	
Pendant l'engagement	Rôle du directeur des secours	
	Rôle du contrôleur	
	Rôle des porteurs	
	Aisance du candidat	
Points particuliers	La ligne de guide	
	La liaison personnelle	
	Reconditionnement du matériel	
	Aisance du candidat	
	TOTAL sur 20	

Grille d'évaluation pour la question N° 17
Hydraulique : les pompes à incendie, hauteur d'aspiration, les amorceurs, les essais, anomalies de fonctionnement

- Le candidat n'aborde pas le domaine = 0 point
- Le candidat a quelques notions dans le domaine = 0,5 point
- Le candidat connaît bien le domaine = 1 point
- L'aisance du candidat, notée de 0 à 1, permet d'apprécier sa maîtrise du thème (présentation, relation entre les domaines...)

Thème	Domaine	Points
Pompes et hauteur d'aspiration	Rappels d'hydrostatique	
	Les pompes à incendie	
	La pompe centrifuge	
	La hauteur d'aspiration (H)	
	Facteurs influençant la H d'aspiration	
	Aisance du candidat	
Les amorceurs	Les amorceurs-éjecteur à gaz	
	Les amorceurs à anneau d'eau	
Manœuvres d'alimentation	Citerne	
	Réseau	
	Nappe d'eau, amorçage	
	Aisance du candidat	
Essais normalisés	Généralités, définitions	
	Durée, autonomie, amorçage	
	Débit, pression	
	Aisance du candidat	
Entretien manœuvre	Entretien	
	Incidents	
	Manœuvre d'essais de pompes	
	Aisance du candidat	
	TOTAL sur 20	

Grille d'évaluation pour la question N° 18 Transmissions : généralités, organisation opérationnelle, stations et réseaux radio, règles d'exploitation des réseaux, les fréquences, les indicatifs, les messages

- Le candidat n'aborde pas le domaine = 0 point
- Le candidat a quelques notions dans le domaine = 0,5 point
- Le candidat connaît bien le domaine = 1 point
- L'aisance du candidat, notée de 0 à 1, permet d'apprécier sa maîtrise du thème (présentation, relation entre les domaines...)

Thème	Domaine	Points
Organisation opérationnelle	C.O.D.I.S.C.	
	C.I.R.C.O.S.C.	
	C.O.D.I.S.	
	C.T.A.	
	Aisance du candidat	
Organisation des transmissions	Stations fixes	
	Stations mobiles	
	Les réseaux	
	Les fréquences	
	Les indicatifs	
	Aisance du candidat	
Règles d'exploitation	Composition des messages	
	Alphabet	
	Chiffres	
	Procédures	
	Aisance du candidat	
Règles d'exploitation	Différents messages	
	Messages incendie 1er et 2ème circinscrit...	
	Ordres de priorité	
	Aisance du candidat	
	TOTAL sur 20	

Direction Départementale des Services d'Incendie et de Secours

DDSIS de l'**AIN** Tél. 04 74 32 80 00
32, rue du Peloux
B.P. 33
01001 BOURG EN BRESSE

DDSIS de l'AINE Tél. 03 23 27 18 02
3 ter, avenue Gambetta
02007 LAON CEDEX

DDSIS de l'**ALLIER** Tél. 04 70 35 18 10
8, rue de Refembre
B.P. 1677
03016 MOULINS CEDEX

DDSIS des **ALPES DE HAUTE PROVENCE** Tél. 04 92 30 89 16
95, avenue Henri Jaubert
04000 DIGNES LES BAINS

DDSIS **HAUTES ALPES** Tél. 04 92 40 18 00
B.P. 1003
05010 GAP CEDEX

DDSIS des **ALPES MARITIMES** Tél. 04 93 22 76 00
89 av. des Anciens Combattants
B.P. 99
06271 VILLENEUVE LOUBET CEDEX

DDSIS de l'**ARDECHE** Tél. 04 75 65 81 18
Chemin de St Clair
B.P. 718
07000 PRIVAS

DDSIS des **ARDENNES** Tél. 03 24 59 60 18
12, place du Château
08000 CHARLEVILLE-MEZIERES

DDSIS de l'**ARIEGE** Tél. 05 61 05 48 00
31bis, avenue du Général de Gaulle
09007 FOIX

DDSIS de l'**AUBE** Tél. 03 25 43 58 00
21, rue Etienne Pedron
10000 TROYES

DDSIS de l'**AUDE** Tél. 04 68 79 59 11
rue Aristide Bergès
ZI la Bouriette
11000 CARCASSONNE

DDSIS de l'**AVEYRON** Tél. 05 65 77 12 00
12031 RODEZ CEDEX 9

DDSIS des **BOUCHES DU RHONE** Tél. 04 91 28 47 47
1, avenue Boisbaudran
ZI de la Delorme
13326 MARSEILLE CEDEX

DDSIS du **CALVADOS** Tél. 02 31 43 40 00
B.P. 12
14035 CAEN CEDEX

DDSIS du **CANTAL** Tél. 04 71 46 82 60
86, avenue de Conthe
B.P. 627
15006 AURILLAC CEDEX

DDSIS de la **CHARENTE** Tél. 05 45 39 35 00
Logis de Lunesse
16000 ANGOULEME

DDSIS de la **CHARENTE MARITIME** Tél. 05 46 00 59 09
206, avenue Carnot
17044 LA ROCHELLE CEDEX 1

DDSIS du **CHER** Tél. 02 48 50 90 10
224, rue Louis Mallet
18023 BOURGES CEDEX

DDSIS de la **CORREZE** Tél. 05 55 26 96 00
32, quai Baluze
B.P. 107
19012 TULLE

DDSIS de la **CORSE DU SUD** Tél. 04 95 29 18 00
avenue Noël Franchini
Quartier des Salines
B.P. 552
20189 AJACCIO CEDEX 2

DDSIS de la **HAUTE CORSE** Tél. 04 95 30 98 00
Lieu-dit "Casetta"
20600 FURIANI

DDSIS de la **COTE D'OR** Tél. 03 80 72 97 79
19, rue Ferdinand de Lesseps
21000 DIJON

DDSIS des **COTES D'ARMOR** Tél. 02 96 75 11 18
13, rue de Guernesey
22015 SAINT BRIEUC CEDEX 1

DDSIS de la **CREUSE** Tél. 05 55 41 18 03
Les Champs Blancs
B.P. 33
23000 FEYRE

DDSIS de **DORDOGNE** Tél. 05 53 35 82 82
B.P. 4016
24004 PERIGUEUX CEDEX

DDSIS du **DOUBS** Tél. 03 81 66 31 00
10, chemin de la Clairière
Les Montboucons
25031 BESANCON CEDEX

DDSIS de la **DROME** Tél. 04 75 82 72 00
11, rue Mirabel Chambaud
26020 VALENCE CEDEX

DDSIS de l'**EURE** Tél. 02 32 62 20 20
Rue du Val Iton
27000 EVREUX SAINT MICHEL

DDSIS de l'**EURE ET LOIRE** Tél. 02 37 91 88 88
7, rue Vincent Chevard
28000 CHARTRES

DDSIS du **FINISTERE** Tél. 02 98 76 20 98
8-10, rue de Kérivoal
29000 QUIMPER CEDEX

DDSIS du **GARD** Tél. 04 66 63 36 00
982, avenue Joliot Curie
30900 NIMES SAINT CEZAIRE

DDSIS de la **HAUTE GARONNE** Tél. 05 61 06 37 00
49, chemin de l'armurier
B.P. 123
31772 COLOMIERS

DDSIS du **GERS** Tél. 05 62 67 42 38
81, route de Pessan
B.P. 5050
32021 AUCH CEDEX 9

DDSIS de la **GIRONDE** Tél. 05 56 01 84 40
22, boulevard Pierre Ier
B.P. 921
33063 BORDEAUX CEDEX

DDSIS de l'**HERAULT** Tél. 04 67 10 34 18
Parc de Bel Air
150, rue Supernova
34570 VAILHAUQUES

DDSIS d'**ILE ET VILAINE** Tél. 02 99 87 65 43
2, rue du Moulin de Joué
35700 RENNES

DDSIS de l'**INDRE** Tél. 02 54 08 18 00
RN 151, Rosiers
36130 MONTIERCHAUME

DDSIS de l'**INDRE ET LOIRE** Tél. 02 47 22 22 22
28-30, boulevard Richard Wagner
37041 TOURS CEDEX

DDSIS de l'**ISERE** Tél. 04 76 26 89 00
11, rue René Camphin
38600 FONTAINE

DDSIS du **JURA** Tél. 03 84 43 18 18
100, rue des Gentianes
B.P. 844
39008 LONS LE SAUNIER

DDSIS des **LANDES** Tél. 05 58 51 56 56
Rocade Rond-point de St Avit
40000 MONT DE MARSAN

DDSIS du **LOIR ET CHER** Tél. 02 54 51 54 00
11-13, avenue Gutenberg
B.P. 1059
41010 BLOIS CEDEX

DDSIS de la **LOIRE** Tél. 04 77 43 18 18
800, rue Jean Rostand
B.P. 541
42007 SAINT ETIENNE CEDEX

DDSIS de la **HAUTE LOIRE** Tél. 04 71 05 41 41
4, avenue du Général de Gaulle
B.P. 310
43011 LE PUY EN VELAY CEDEX

DDSIS de la **LOIRE ATLANTIQUE** Tél. 02 40 67 86 18
12, rue Arago
44240 LA CHAPELLE SUR ERDRE

DDSIS du **LOIRET** Tél. 02 38 52 35 23
76, avenue Gallouédec
45400 SEMOY

DDSIS du **LOT** Tél. 05 65 23 05 50
48, rue Montaudie
46000 CAHORS

DDSIS du **LOT ET GARONNE** Tél. 05 53 69 42 68
Hôtel du Département
47922 AGEN CEDEX 9

DDSIS de la **LOZERE** Tél. 04 66 49 25 25
3, rue des Ecoles
48000 MENDE

DDSIS du **MAINE ET LOIRE** Tél. 02 41 34 31 34
18, rue de Nazareth
49100 ANGERS

DDSIS de la **MANCHE** Tél. 02 33 57 11 94
rond point de la Liberté
B.P. 484
50004 SAINT LO CEDEX

DDSIS de la **MARNE** Tél. 03 26 70 36 00
5, rue Just Berland
51035 CHALON SUR MARNE CEDEX

DDSIS de la **HAUTE MARNE** Tél. 03 25 30 25 25
40bis, avenue Foch
B.P. 576
52012 CHAUMONT CEDEX

DDSIS de la **MAYENNE** Tél. 02 43 59 16 00
Hôtel du Département
39, rue Mazagran
B.P. 1429
53014 LAVAL CEDEX

DDSIS de la **MEURTHE ET MOSELLE** Tél. 03 83 41 18 50
27A, rue du cardinal Mathieu
54000 NANCY

DDSIS de la **MEUSE** Tél. 03 29 79 18 96
Cité Administrative
55000 BARS LE DUC

DDSIS du **MORBIHAN** Tél. 02 97 54 56 18
40, rue Jean Jaurès
B.P. 380
56009 VANNES

DDSIS de la **MOSELLE** Tél. 03 87 34 86 89
Hôtel du Département,
3, place de la Bibliothèque
B.P. 1096
57036 METZ CEDEX

DDSIS de la **NIEVRE** Tél. 03 86 60 37 60
Rue du Colonel Rimailho
58640 VARENNES VAUZELLES

DDSIS du **NORD** Tél. 03 20 12 29 59
60-62, rue de l'Hôpital Militaire
59039 LILLE CEDEX

DDSIS de l'**OISE** Tél. 03 44 06 21 00
Chemin Sans Terre
60000 BEAUVAIS

DDSIS de l'**ORNE** Tél. 02 33 81 35 00
2, rue Ampère
61000 ALENCON

DDSIS du **PAS DE CALAIS** Tél. 03 21 51 18 18
5, rue Frédéric Degeorges
B.P. 1016
62008 ARRAS CEDEX

DDSIS du **PUY DE DOME** Tél. 04 73 98 15 18
143, avenue du Brezet
63000 CLERMONT FERRAND

DDSIS des **PYRENEES ATLANTIQUES** Tél. 05 59 80 65 00
33, avenue du Maréchal Leclerc
64021 PAU CEDEX

DDSIS des **HAUTES PYRENEES** Tél. 05 62 38 18 00
Zone Industrielle
B.P. 6
65320 BORDERES SUR ECHEZ

DDSIS des **PYRENEES ORIENTALES** Tél. 04 68 63 78 18
1, rue Lieutenant Gourbault
B.P. 986
66020 PERPIGNAN CEDEX

DDSIS du **BAS RHIN** Tél. 03 88 76 67 67
Hôtel du Département
Place du Quartier Blanc
67070 STRASBOURG CEDEX

DDSIS du **HAUT RHIN** Tél. 03 89 22 68 86
Hôtel du Département
68006 COLMAR CEDEX

DDSIS du **RHONE** Tél. 04 72 61 72 60
146, rue Pierre Corneille
69483 LYON CEDEX 2

DDSIS de la **HAUTE SAONE** Tél. 03 84 96 76 00
Rue Jean Bernard Derosne
B.P. 5
70000 VESOUL

DDSIS de la **SAONE ET LOIRE** Tél. 03 85 35.35 00
4, rue des Grandes Varennes
71000 SANCE

DDSIS de la **SARTHE** Tél. 02 43 74 42 00
13, boulevard Saint Michel
B.P. 35
72190 COULAINES

DDSIS de la **SAVOIE** Tél. 04 79 60 73 00
226, rue de la Perrodière
73 230 SAINT ALBAN LEYSSE

DDSIS de la **HAUTE SAVOIE** Tél. 04 50 22 76 00
6, rue du Nant
B.P. 1010
74960 MEYTHET

DDSIS de **PARIS** Tél. 01 47 54 68 18
1, place Jules Renard
75823 PARIS CEDEX 17

DDSIS de **SEINE MARITIME** Tél. 02 35 58 86 00
26, rue Demarest
B.P. 1026
76172 ROUEN CEDEX

DDSIS de **SEINE ET MARNE** Tél. 01 60 56 83 00
56, avenue de Corbeil
B.P. 109
77001 MELUN CEDEX

DDSIS des **YVELINES** Tél. 01 39 02 78 78
1, rue Jean Houdon
R.P. 712
78007 VERSAILLES CEDEX

DDSIS des **DEUX SEVRES** Tél. 05 49 08 18 18
6, allée des Acacias
79000 NIORT

DDSIS de la **SOMME** Tél. 03 22 97 18 18
7, allée du Bisètre
B.P. 18
80026 AMIENS CEDEX

DDSIS du **TARN** Tél. 05 63 77 35 18
15, rue Jautzou
B.P. 18
81004 ALBI CEDEX

DDSIS du **TARN ET GARONNE** Tél. 05 63 03 50 51
1665, boulevard de Chantilly
82000 MONTAUBAN

DDSIS du **VAR** Tél. 04 94 60 37 00
Centre Jacques Vion
Boulevard du Maljournal
B.P. 255
83007 DRAGUIGNAN CEDEX

DDSIS du **VAUCLUSE** Tél. 04 90 81 18 18
5, rue Prosper Mérimée
B.P. 827
84081 AVIGNON CEDEX

DDSIS de la **VENDEE** Tél. 02 51 45 10 10
Les Oudairies
B.P. 695
85017 LA ROCHE SUR YON CEDEX

DDSIS de la **VIENNE** Tél. 05 49 49 18 00
22, rue de la croix blanche
86960 FUTUROSCOPE CEDEX

DDSIS de la **HAUTE VIENNE** Tél. 05 55 11 30 00
12, rue du Petit Tour
87000 LIMOGES

DDSIS des **VOSGES** Tél. 03 29 34 34 45
voie Husson
88198 GOLBEY CEDEX

DDSIS de l'**YONNE** Tél. 03 86 46 96 78
27, avenue Charles de Gaulle
89000 AUXERRE

DDSIS du **TERRITOIRE DE BELFORT** Tél. 03 84 58 78 00
4, rue Romain Roland
90000 BELFORT

DDSIS de l'**ESSONNE** Tél. 01 60 91 91 91
boulevard de France
91012 EVRY CEDEX

DDSIS des **HAUTS DE SEINE** Tél. 01 47 54 68 18
1, place Jules Renard
75823 PARIS CEDEX 17

DDSIS de **SEINE SAINT DENIS** Tél. 01 47 54 68 18
1, place Jules Renard
75823 PARIS CEDEX 17

DDSIS du **VAL DE MARNE** Tél. 01 47 54 68 18
1, place Jules Renard
75823 PARIS CEDEX 17

DDSIS du **VAL D'OISE** Tél. 01 30 75 78 60
33, rue des Moulines Neuville sur Oise
95027 CERGY PONTOISE CEDEX

DDSIS de la **GUADELOUPE** Tél. 00 590 89 47 17
Etat-Major Sapeurs-Pompiers Lauricisque
97110 POINTE A PITRE

DDSIS de la **MARTINIQUE** Tél. 00 596 73 74 01
7, rue Bouillé
97200 FORT DE FRANCE

DDSIS de la **GUYANNE** Tél. 00 594 30 40 88
angle av. Pasteur-imp. Buzaré
97300 CAYENNE

DDSIS de **LA REUNION** Tél. 00 262 21 12 91
94, rue Monthyoon
97400 SAINT DENIS

DDSIS de la **POLYNESIE** Tél. 00 689 46 86 86
avenue Bruat
B.P. 115
PAPEETE
TAHITI

Introduction à la Fonction publique

Les grands emplois de la Fonction publique, avec fascicule de mise à jour 1996
A. DUCASTEL, DEA Lettres
Cet ouvrage présente tous les grands emplois de la Fonction publique d'Etat, de la Fonction publique hospitalière et de la Fonction publique territoriale, par ministère, par catégorie :
- les conditions de recrutement
- les listes d'adresses utiles pour tous renseignements et inscriptions
- **la liste des concours annoncés pour 1996**.

A, B, C
1995
224 pages
15 x 21 cm
Réf. 124

Fonction publique : mémento des concours, avec fascicule de mise à jour 1996
Se présenter aux concours de la fonction publique : mode d'emploi et calendrier.

A, B, C
1995
45 pages
15 x 21 cm
Réf. 127

Tous ministères

Adjoint administratif
N. ANCELLIN, DEA Sciences politiques, J.P. BONHOTAL, DEA Droit public, A. DUCASTEL, DEA Lettres, H. DUCASTEL, DESS Informatique
Une mise à niveau dans toutes les matières obligatoires du concours : français, mathématiques traditionnelles, modernes, tableaux numériques, droit public, droit privé, comptabilité territoriale, les notions élémentaires et indispensables pour une option de plus en plus courante dans les concours administratifs, le traitement automatisé de l'information (informatique).
Voir également les ouvrages de développement personnel : Réf. 732, 731, 40, 18

C
1994
376 pages
15 x 21 cm
Réf. 223

Adjoint administratif : annales, corrigés et méthode de préparation
A. GARCIA, Commandant honoraire de la Police nationale et R. VILLETTE, Directeur honoraire de préfecture

C
A paraître

Agent administratif : ouvrage de préparation et annales corrigées
A. GARCIA, Commandant honoraire de la Police nationale et R. VILLETTE, Directeur honoraire de préfecture

C
A paraître

Commis administratif
A. DUCASTEL, DEA Lettres, H. DUCASTEL, DESS Informatique, J.M. DURAND, Licence Droit, B. MILLET, Capitaine de gendarmerie (ER)
Mise à niveau en dictée, explication de textes, mathématiques traditionnelles et modernes, tableau numérique, rédaction d'une lettre administrative et résolution d'un cas pratique.
Voir également l'ouvrage de développement personnel : Réf. 39

C
1989
312 pages
15 x 21 cm
Réf. 744

Agent et agent technique de bureau
D. RODDY, institutrice
20 séances de travail pour une mise à niveau en dictée, explication de mots, grammaire, conjugaison, confection de tableaux pour un concours catégorie C.

C
1989
206 pages
15 x 21 cm
Réf. 745

Secrétaire administratif — B

N. ANCELLIN, DEA Sciences politiques, N. BARBAROSSA, Professeur Lettres, J.M. DURAND, Licence Droit

Conseils et méthode, sujets-types corrigés. Nouvelle édition conforme à l'arrêté du 28 juillet 1995

Mémento des connaissances de base pour les matières obligatoires de ce concours : note de synthèse, dissertation sur un sujet d'ordre général, conversation avec le jury, organisation constitutionnelle de la France et institutions communautaires, organisation administrative de la France, problèmes économiques, finances publiques, histoire contemporaine, géographie économique et humaine de la France et principales données économiques relatives aux pays de l'Union Européenne.

Voir également les ouvrages de développement personnel : Réf. 111, 40, 42, 18

1996
330 pages
15 x 21 cm
Réf. 742

Secrétaire administratif de la police nationale et de préfecture : annales et méthode de préparation au concours — B

A. GARCIA, Commandant honoraire de la Police nationale, R. VILLETTE, Directeur honoraire de préfecture

Rôle du secrétaire administratif, conseils et méthode de préparation, annales des épreuves : français, mathématiques, comptabilité, informatique, langues.

Voir également les ouvrages de développement personnel : Réf. 111, 40, 42, 18

1994
250 pages
15 x 21 cm
Réf. 121

Gendarmerie

L'ouvrage de base :

Candidats gendarmes — C

A. FOUET, Lieutenant-colonel de gendarmerie (ER), C. DUMONS, Licence Lettres

L'ouvrage de référence depuis des années, régulièrement mis à jour pour une vraie préparation : remise à niveau en français, initiation aux tests de sélection, aide-mémoire.

1993
300 pages
21 x 30 cm
Réf. 112

Les deux ouvrages de développement personnel :

Exercices d'initiation aux tests (QCM)

A. FOUET, Lieutenant-colonel de gendarmerie (ER)

Tous les différents types de tests (psychotechniques, mathématiques, logiques, vocabulaire...). Utile pour les concours administratifs et autres tests de recrutement.

1993
152 pages
21 x 30 cm
Réf. 732

Expression écrite et orale : initiation (Gendarmerie)

A. FOUET, Lieutenant-colonel de gendarmerie(ER)

S'adresse à tous ceux qui veulent réapprendre à bien lire, écrire et parler : méthodes d'expression selon l'objectif et le contexte.

1987
282 pages
15 x 21 cm
Réf. 30

Police nationale

Gardien de la paix - nouvelle édition conforme à l'arrêté du 18 octobre 1995 — C

D. BENDRIHEM, Professeur, J.M. DURAND, Commissaire de police principal, A. FOUET, Lieutenant-colonel de gendarmerie (ER)

1996
294 pages
15 x 21 cm

Gardien de la paix : annales corrigées du concours — C
A. GARCIA, Commandant honoraire de la police nationale
Entraînement aux tests de présélection. 3 séries de sujets (2 matières) posés au cours des derniers concours et leurs corrigés.
Mémento portant sur les connaissances du monde contemporain. Guide pour l'oral. Barème de notation.
Voir également les ouvrages de développement personnel : Réf. 732, 731, 40, 18

1996 / 340 pages / 15 x 21 cm / Réf. 714

Agent administratif de la police nationale et de préfecture : annales corrigées et méthode de préparation aux concours — C
A. GARCIA, Commandant honoraire de la police nationale et R. VILLETTE, Directeur honoraire de préfecture

épuisé

Adjoint administratif de la police nationale et de préfecture : annales corrigées et méthode de préparation aux concours — C
A. GARCIA, Commandant honoraire de la police nationale et R. VILLETTE, Directeur honoraire de préfecture

1994 / épuisé

Concours enquêteur : épreuves d'admission — C
J.M DURAND, Commissaire de police principal, B. MILLET, Capitaine de gendarmerie (ER)
Préparation aux quatre épreuves d'admissibilité : dissertation, résumé de texte, mathématiques, conversation avec le jury.
Voir également les ouvrages de développement personnel : Réf. 111. 40, 18

1990 / 192 pages / 21 x 30 cm / Réf. 754

Secrétaire administratif de la police nationale et de préfecture : annales et méthode de préparation au concours — B
A. GARCIA, Commandant honoraire de la police nationale et R. VILLETTE, Directeur honoraire de préfecture
Rôle du secrétaire administratif, conseils et méthode de préparation, annales des épreuves : français, mathématiques, comptabilité, informatique, langues.
Voir également les ouvrages de développement personnel : Réf. 111, 40, 42, 18

1994 / 250 pages / 15 x 21 cm / Réf. 121

Lieutenant de police : 20 séances de travail, exercices et corrigés — B
J.M. DURAND, Commissaire de police principal, B. MILLET, Capitaine de gendarmerie (ER)
Dissertation, rédaction d'une note de synthèse ou résumé de texte, droit pénal, procédure pénale, droit public, culture générale.
Voir également les ouvrages de développement personnel : Réf. 111, 18

1995 / 380 pages / 21 x 30 cm / Réf. 37

Lieutenant de police : annales du concours — B
A. GARCIA, Commandant honoraire de la police nationale et R. VILLETTE, Directeur honoraire de préfecture
Le programme des épreuves, des conseils et les sujets des dernières années de concours en dissertation, résumé, droit pénal, procédure pénale, droit public.
Voir également les ouvrages de développement personnel : Réf. 111. 40, 18

1996 / 210 pages / 15 x 21 cm / Réf. 722

Police municipale

Gardien de la police municipale : préparation au concours — C
B. MILLET, Capitaine de Gendarmerie (ER) et J.M. DURAND, Commissaire de police principal
Informations recrutement et carrière.
Epreuves écrites d'admissibilité : rédaction d'un rapport, compréhension de texte.
Epreuves orales d'admission : organisation administrative de l'Etat et des collectivités locales, connaissance de la police nationale et municipale
Entretien avec le jury.

1996 / 310 pages / 15 x 21 cm / Réf. 719

Agent / Gardien de police municipale - Garde champêtre : préparation aux concours et sujets d'annales corrigés — C
1995
330 pages
15 x 21 cm
Réf. 119

A. GARCIA, Commandant honoraire de la police nationale

Cet ouvrage propose une préparation à ces deux concours aux programmes identiques, conformément au Décret du 25 octobre 1994 : conditions de recrutement, programme, conseils et documents pour les épreuves de rédaction d'un rapport, compréhension de texte et entretien avec le jury.

Voir également les ouvrages de développement personnel : Réf. 111, 40,

Préfecture

Agent administratif de la police nationale et de préfecture : annales corrigées et méthode de préparation aux concours — C
épuisé

A. GARCIA, Commandant honoraire de la police nationale et R. VILLETTE, Directeur honoraire de préfecture

Adjoint administratif de la police nationale et de préfecture : annales corrigées et méthode de préparation aux concours — C
1994
épuisé

A. GARCIA, Commandant honoraire de la police nationale et R. VILLETTE, Directeur honoraire de préfecture

Secrétaire administratif de la police nationale et de préfecture : annales et méthode de préparation au concours — B
1994
250 pages
15 x 21 cm
Réf. 121

A. GARCIA, Commandant honoraire de la police nationale et R. VILLETTE, Directeur honoraire de préfecture

Rôle du secrétaire administratif, conseils et méthode de préparation, annales des épreuves : français, mathématiques, comptabilité, informatique, langues.

Voir également les ouvrages de développement personnel : Réf. 111, 40, 42, 18

Emplois territoriaux

Adjoint administratif — C
1994
376 pages
15 x 21 cm
Réf. 223

N. ANCELLIN, DEA Sciences politiques, J.P. BONHOTAL, DEA Droit public, A. DUCASTEL, DEA Lettres, H. DUCASTEL, DESS Informatique

Une mise à niveau dans toutes les matières obligatoires du concours : français, mathématiques traditionnelles, modernes, tableaux numériques, droit public, droit privé, comptabilité territoriale, les notions élémentaires et indispensables pour une option de plus en plus courante dans les concours administratifs, le traitement automatisé de l'information (informatique).

Voir également les ouvrages de développement personnel : Réf. 732, 731, 40, 18

Adjoint administratif : annales corrigées et méthode de préparation — C
A paraître

A. GARCIA, Commandant honoraire de la police nationale et R. VILLETTE, Directeur honoraire de préfecture

Sapeur-pompier professionnel — C
1996
270 pages
15 x 21 cm
Réf. 760

D. BENDRIHEM, Professeur, A. BART, Consultant en communication, A. GARCIA, Commandant honoraire

Conditions pour concourir. Esprit, but et méthodologie. Questions à Réponses Ouvertes et Courtes. Mathématiques / Entretien avec le jury. Conseils et sujets types corrigés. Conforme aux arrêtés du 21/11/1994 et 20/01/1996.

Sapeur-pompier professionnel : annales corrigées du concours — **C**
Capitaine HEPHAIS, officier de sapeur-pompier — 1995
Les sujets des cinq dernières années dans les principaux centres de concours en : dictée, rédaction, mathématiques. Corrigés, conseils, coordonnées utiles et présentation du métier par un organisateur de concours.
180 pages — 15 x 21 cm — Réf. 123

Gardien de la police municipale : préparation au concours — **C**
B. MILLET, Capitaine de Gendarmerie (ER) et J.M. DURAND, Commissaire de police principal — 1996
Informations recrutement et carrière.
Epreuves écrites d'admissibilité : rédaction d'un rapport, compréhension de texte.
Epreuves orales d'admission : organisation administrative de l'Etat et des collectivités locales, connaissance de la police nationale et municipale
Entretien avec le jury.
310 pages — 15 x 21 cm — Réf. 719

Agent / Gardien de police municipale - Garde champêtre : préparation aux concours et sujets d'annales corrigés — **C**
A. GARCIA, Commandant honoraire de la police nationale — 1995
Cet ouvrage propose une préparation à ces deux concours aux programmes identiques, conformément au Décret du 25 octobre 1994 : conditions de recrutement, programme, conseils et documents pour les épreuves de rédaction d'un rapport, compréhension de texte et entretien avec le jury.
Voir également les ouvrages de développement personnel : Réf. 111, 40,
330 pages — 15 x 21 cm — Réf. 119

Impôts

Agent de constatation des impôts — **C**
Y. CLERMONT, Licence Lettres, D. BENDRIHEM, Professeur — 1996
Nouvelle édition conforme à l'arrêté du 10 avril 1995, pour une préparation efficace aux 3 épreuves de ce concours : questionnaires à choix multiples, explication de texte et résolution de cas pratiques. Pour un meilleur entraînement, les sujets du concours de décembre 1995 sont proposés en fin d'ouvrage avec QCM corrigés.
Pour les Questionnaires à Choix Multiples : voir Réf. 732, 731
170 pages — 15 x 21 cm — Réf. 753

Contrôleur des impôts (séances de travail) — **B**
N. BARBAROSSA, Professeur Lettres, J.M. DURAND, Licence Droit, B. MILLET, Capitaine de gendarmerie (ER), A.M. PERARD, Professeur Mathématiques — 1990
Composition française, analyse de texte, mathématiques, droit constitutionnel et institutions politiques, conversation avec le jury sont traités en 20 séances de travail : exercices et corrigés.
Voir également les ouvrages de développement personnel : Réf. 111, 40
410 pages — 21 x 30 cm — Réf. 749

Contrôleur des impôts (par matière, exercices et corrigés) — **B**
A. PEYROL, Agrégé, Professeur Grandes Ecoles, M. PEYROL, Maîtrise de Sciences économiques — 1996
Méthodologie progressive et interactive. Composition sur un sujet d'ordre général. Analyse de texte, exposé et entretien. Droit, géographie économique, comptabilité, langues vivantes.
Exercices corrigés. Esprit des épreuves. Critères d'appréciation du jury.
Voir également l'ouvrage de développement personnel : Réf. 771
385 pages — 15 x 21 cm — Réf. 769

Trésor

Agent de recouvrement du Trésor

C
N. ANCELLIN, DEA Sciences politiques, Y. CLERMONT, Licence Lettres, A.M. PERARD, Professeur Mathématiques, B. MILLET, Capitaine de gendarmerie (ER)
1995
370 pages
15 x 21 cm
Réf. 755

De nombreux conseils, méthodes et exercices corrigés pour maîtriser progressivement les techniques particulières des principales épreuves : Questionnaires à Choix Multiples, résumé de texte, rétablissement du libellé correct d'un texte et question, mathématiques, traitement automatisé de l'information (option).
Voir également les ouvrages de développement personnel : Réf. 732, 731, 11

Contrôleur du Trésor (séances de travail)

B
J.C. ANDRIEUX, Professeur de mathématiques, A. DUCASTEL, DEA Lettres, J.M. DURAND, Licence Droit, B. MILLET, Capitaine de gendarmerie (ER)
1989
370 pages
21 x 30 cm
Réf. 201

16 séances de travail composées d'exercices et de corrigés en français, analyse de texte, mathématiques, conseils pour la conversation avec le jury.
Pour les Questionnaires à Choix Multiples : voir Réf. 732, 731
Voir également les ouvrages de développement personnel : Réf. 111, 40, 39

Contrôleur du Trésor (par matière, exercices et corrigés)

B
A. PEYROL, Agrégé, Professeur Grandes Ecoles, M. PEYROL, Maîtrise de Sciences économiques
1996
398 pages
15 x 21 cm
Réf. 701

Méthodologie progressive et interactive. Composition sur un sujet d'ordre général, résumé, exposé et entretien, analyse de dossier, droit, économie, histoire, géographie, comptabilité, langues vivantes.
Exercices corrigés. Esprit des épreuves. Critères d'appréciation du jury.
Voir également l'ouvrage de développement personnel : Réf. 771

Douanes

Agent de constatation des douanes

C
D. BENDRIHEM, Professeur, A. PEYROL, Professeur
1996
360 pages
15 x 21 cm
Réf. 763

Conseils, méthodes et sujets types corrigés pour se préparer aux épreuves de ce concours : QCM, épreuve de français, connaissances élémentaires à caractère économique, juridique et commercial, géographie économique, connaissances professionnelles, comptabilité commerciale, entretien avec le jury.
Voir également : Réf. 731

Préposé des douanes

C
D. RODDY, institutrice
1986
346 pages
15 x 21 cm
Réf. 751

Remise à niveau par exercices et corrigés en : préparation de dictées, grammaire, conjugaison, géographie, mathématiques traditionnelles, conversation avec le jury.
Voir également les ouvrages de développement personnel : Réf. 40

Contrôleur des douanes (séances de travail)

B
J.M. DURAND, Licence Droit, D. LANTERNIER, Licence Lettres, B. MILLET, Capitaine de gendarmerie (ER), A.M. PERARD, Professeur Mathématiques
1989
568 pages
(2 volumes)
21 x 30 cm
Réf. 760

20 séances de travail, exercices et corrigés en : dissertation, analyse de texte, mathématiques, droit, conversation avec le jury.
Voir également les ouvrages de développement personnel : Réf. 111, 40

Contrôleur des douanes (par matière, exercices et corrigés) | **B**
D. BAHAJI, DECS, A. PEYROL, Agrégé, Professeur Grandes Ecoles | 1996
L'esprit du concours, des conseils méthodologiques, des exercices corrigés et les éléments d'appréciation du jury. | 420 pages | 15 x 21 cm
Sont traités : l'épreuve de composition sur un sujet d'ordre général, le commentaire composé, le résumé, les épreuves d'économie et de droit, l'épreuve d'exposé/entretien. | Réf. 780
Voir également l'ouvrage de développement personnel : Réf. 771

Justice

Surveillant pénitentiaire, nouvelle édition revue et complétée | **C**
D. BENDRIHEM, Professeur, M. PHILIPPE, Professeur | 1996
Préparation aux trois épreuves obligatoires de ce concours : Questionnaires à Choix Multiples, rédaction, mathématiques traditionnelles et modernes. | 186 pages | 15 x 21 cm
Annales corrigées des derniers concours | Réf. 757
Voir également les ouvrages de développement personnel : Réf. 731, 732

La Poste

Facteur / Préposé | **C**
J.M. DURAND, Licence Droit, J. POTTIER, instituteur | 1995
Le programme et la préparation aux épreuves du concours. Rédaction, vocabulaire, compréhension, classement, géographie, conversation avec le jury. Sujets de sécurité routière et en **annexe : tous les sujets des épreuves 1995** | 244 pages | 15 x 21 cm | Réf. 747
Voir également les ouvrages de développement personnel : Réf. 40

Santé

Infirmiers et infirmières | **B**
A. DUCASTEL, DEA Lettres, A. LEFEVRE, Psychologue | 1993
Cet ouvrage est une préparation efficace et complète pour l'entrée dans les Instituts de Formation en Soins Infirmiers et pour toutes autres études paramédicales. Il est composé de deux parties : la culture générale appliquée aux grands thèmes sanitaires et sociaux (dossiers d'information et d'étude sur le SIDA, l'alcoolisme, la toxicomanie, la bioéthique, l'aide humanitaire...) et une initiation aux test psychotechniques. | 180 pages | 21 x 30 cm | Réf. 761 | épuisé

Concours d'entrée dans les IFSI | En préparation

Accès aux formations du secteur sanitaire et social | **B**
Association des Professeurs de Sciences Médico Sociales | 1995
Destiné aux bacheliers, aux professeurs et à tous ceux que le domaine sanitaire et social intéresse, cet ouvrage répond à trois objectifs : | 300 pages | 15 x 21 cm | Réf. 762

- informer sur les profession et leurs conditions d'entrée en formation :
  animateur social et socioculturel, assistant de service social, conseiller en économie sociale et familiale, éducateur spécialisé, éducateurs de jeunes enfants, éducateurs du Ministère de la Justice, ergothérapeute, infirmier, manipulateur d'électroradiologie médicale, masseur-kinésithérapeute, orthophoniste, orthoptiste, psychomotricien, pédicure-podologue, sage-femme, secrétaire médical de la Fonction publique hospitalière, secrétaire médico-social territorial
- faciliter l'élaboration d'un projet professionnel,
- aider les candidats dans leur préparation aux concours et sélection.

Véritable mine de renseignements et **exemples concrets d'épreuves**

Exercices d'initiation aux tests (QCM)
A. FOUET
Pour aborder tous les différents types de tests (psychotechniques, mathématiques, logiques, vocabulaire...) proposés aux concours paramédicaux.

1993
152 pages
21 x 30 cm
Réf. 732

Ouvrages de développement personnel (catégories B et C)

Exercices d'initiation aux tests (QCM)
A. FOUET, Lieutenant-colonel (ER)
Tous les différents types de tests : psychotechniques, mathématiques, logiques. Utile pour les concours administratifs, formations paramédicales et autres tests de recrutement.

1993
152 pages
21 x 30 cm
Réf. 732

Questionnaires à Choix Multiples (QCM) - tome 1 (catégorie C) — **C**
D. BENDRIHEM, Professeur
Séries traitées : culture générale, français, histoire/géographie, logique et tests psychotechniques, mathématiques, vocabulaire, logique. 200 questions/réponses par série. Une préparation efficace à une épreuve très sélective des concours de la Fonction publique.

1995
152 pages
15 x 21 cm
Réf. 731

Questionnaires à Choix Multiples (QCM) - tome 2 (catégories A et B) — **B**
F. BOURGOUGNON, Professeur Mathématiques, A. PEYROL, Agrégé, Professeur Grandes Ecoles
Conseils méthodologiques d'acquisition et restitution des connaissances. 1200 questions/réponses autour de 6 thèmes : culture générale, français, histoire/géographie, économie/droit/institutions, mathématiques. Une préparation originale, progressive et efficace.

1996
286 pages
15 x 21 cm
Réf. 771

Mémento de culture générale
A. CHAUMONT, Capacité Droit
Cet ouvrage fournit un aperçu du minimum nécessaire à connaître, tant en littérature, qu'en connaissance des idées et de l'histoire, pour l'épreuve écrite ou orale de culture générale.

1993
270 pages
15 x 21 cm
Réf. 18

Note de synthèse et résumé de texte
J.M. DURAND, Commissaire de police principal
Ouvrage méthodologique pour approfondir le contenu de cette épreuve commune à de nombreux concours.
Illustré de nombreux exemples issus de cas réels.

1992
140 pages
15 x 21 cm
Réf. 111

Rédaction d'une note administrative
J.M. DURAND, Commissaire de police principal
Pour se familiariser avec la méthode rédactionnelle de cette épreuve commune à de nombreux concours.

1985
120 pages
15 x 21 cm
Réf. 39

Conversation avec le jury
J.M. DURAND, Commissaire de police principal
Cet ouvrage concerne principalement les candidats aux concours de la police : comment bien se préparer pour affronter cette étape décisive..

1993
186 pages
15 x 21 cm
Réf. 40

Epreuve de culture générale
J.M. DURAND, Commissaire de police principal
Méthode de préparation et technique de composition pour toute épreuve de culture générale à l'écrit.

1987
118 pages
15 x 21 cm
Réf. 42

Impôts, Trésor et Douanes

Inspecteur-élève des impôts

A
1995
440 pages
15 x 21 cm
Réf. 200

D. BAHAJI, DECS, M. LESUEUR, DEA Finances et fiscalité, A. PEYROL, Agrégé, Professeur Grandes Ecoles, M. PEYROL, Maîtrise Sciences économiques

Conseils, corrigés de sujets-types pour un auto-entraînement intensif et méthodique aux différentes épreuves du concours : composition portant sur un sujet d'ordre général, note de synthèse, analyse économique, dissertation juridique et commentaire d'arrêt. Epreuves optionnelles : traduction, comptabilité commerciale, procédure judiciaire et voie d'exécution.
Une pédagogie adaptée au candidat du concours de catégorie A, pour apprendre à structurer ses connaissances et à maîtriser les outils d'analyse.

Inspecteur-stagiaire du Trésor

A
1996
506 pages
15 x 21 cm
Réf. 756

M. LESUEUR, DEA Finances publiques et fiscalité, A. PEYROL, Agrégé, Professeur Grandes Ecoles, M. PEYROL, Maîtrise Sciences économiques

Conseils méthodologiques et corrigés-types pour consolider et délimiter les connaissances nécessaires aux principales épreuves de ce concours : composition portant sur un sujet d'ordre général, note de synthèse, analyse économique, dissertation juridique et commentaire d'arrêt.

Inspecteur-élève des douanes

A
1996
450 pages
15 x 21 cm
Réf. 770

M. LESUEUR, DEA Finances publiques et fiscalité, A. PEYROL, Agrégé, Professeur Grandes Ecoles, M. PEYROL, Maîtrise Sciences économiques

Une méthode complète pour affronter, sujets-types corrigés à l'appui, les épreuves de ce concours : composition portant sur un sujet d'ordre général, note de synthèse, analyse économique, dissertation juridique et commentaire d'arrêt.

Ouvrages de développement personnel (catégorie A)

Questionnaires à Choix Multiples (QCM) - tome 2

A
1996
286 pages
15 x 21 cm
Réf. 771

F. BOURGOUGNON, Professeur Mathématiques, A. PEYROL, Agrégé, Professeur Grandes Ecoles

Conseils méthodologiques d'acquisition et restitution des connaissances. 1200 questions/réponses autour de 6 thèmes : culture générale, français, histoire/géographie, économie/droit/institutions, mathématiques. Une préparation originale, progressive et efficace, permettant de vérifier son niveau de connaissances.

L'oral aux concours de catégorie A

A paraître

L'épreuve de droit aux concours de catégorie A

A paraître

Vous désirez être régulièrement tenu informé de nos publications

Prénom .... NOM...

Adresse. ....

....

....

Code postal .... Ville ....

Découpez ou recopiez ce bon , et adressez le aux

>>>

Éditions AMELOT
Service S E R T I
43, rue Amelot
75011 PARIS

Achevé d'imprimer
par PARENTHESES imprimeurs à Marne-la-vallée
en 1997

ISBN : 2-84037-067-0

Dépôt légal : 3ème trimestre 1996

Editions Amelot